Trau deiner Sehnsucht mehr als deiner Verzweiflung

Heinrich Dickerhoff

Trau deiner Sehnsucht mehr als deiner Verzweiflung

Die Botschaft der Märchen verstehen

Matthias-Grünewald-Verlag · Mainz

Der Matthias-Grünewald-Verlag ist Mitglied
der Verlagsgruppe engagement

2. Auflage 2003

Umschlag: Harun Kloppe, Mainz
Umschlagbild: Caspar David Friedrich, Frau in der Morgensonne
Foto: J. Nober (c) Museum Folkwang, Goethestr. 41, D-45128 Essen
Satz: DTP-Service & Verlag GmbH, Nierstein/Rh.
Druck und Bindung: Pustet, Regensburg

ISBN 3-7867-2326-5

Inhalt

10 Märchen vom eigenen Weg 50

8 Märchen vom Kampf zwischen Tod und Liebe 100

Der blaue Planet 121

Die „gute neue Mär" und die guten alten Märchen – wozu dieses Buch ermutigen und helfen möchte

Ein Menschen-Kind geht fort von Zuhause, um sein Glück zu suchen oder auch, weil es vom Leben stiefmütterlich behandelt und aus dem Haus getrieben wird. Also geht das Menschen-Kind seinen einsamen Weg wie ein Waisenkind, doch es gewinnt Gefährten, besteht mit ihrer Hilfe Gefahren, und am Ende findet es, was es gesucht hat: einen Menschen, der es liebt, das halbe Königreich und ein neues Zuhause. Das Menschen-Kind ist ein Königs-Kind geworden, oder besser: Es hat sich als Königs-Kind entpuppt. Wie gut, dass es sich aus der Asche seines alten Lebens herausgewagt hat – wir haben doch immer schon geahnt, dass es für eine Krone bestimmt war.

So oder ähnlich verläuft ein „typisches" Märchen – so oder ähnlich verläuft über weite Strecken auch unser Lebensweg, wenn auch das märchenhafte Ende oft mehr Wunsch als Erfahrung ist. „In den alten Zeiten, als das Wünschen noch geholfen hat ..." so beginnt mit dem „Froschkönig" das berühmteste Märchenbuch der Welt, die Sammlung der Brüder Grimm. Und in diese alten Zeiten mächtiger Wünsche und Träume können uns Märchen auch heute noch entführen, denn sie sind sowohl Spiegel unserer Erfahrungen wie auch Erinnerung einer Sehnsucht, die weiter reicht als all das, was wir erfahren. Und dieses märchenhafte Wünschen muss und soll nicht Flucht in Traumwelten sein, es kann uns ermutigen und herausfordern, den Traum zu wagen und neue Wege zu gehen.

So sind Märchen immer Hoffnungsgeschichten. Aber wo sie unsere Seele pflügen, da wecken sie nicht nur neuen Lebensmut, sie können auch neu aufmerksam machen für das Geheimnis des Glaubens, für die Wahrheit des Evangeliums. Nicht so, als ob die Märchen einer Religion gehörten; sie sind Gemeingut der Menschheit, uns Menschen – ähnlich wie die Träume – tiefer ein-gebildet als Denken und Bewusstsein. Aber wenn da Einer ist als der Gute Grund allen Lebens, als Schöpfer und Bildner der Welt und der menschlichen Seele, so hat Er sich, wie jeder Künstler, Seinem Werk – schon vor jeder bewussten Deutung – tief eingeprägt und eingebildet.

Darum glaube ich daran, dass in jeder menschlichen Suche nach Wahrheit und in aller echten Kunst eine Ahnung des Göttlichen verborgen ist. Und die uralte Märchen-Kunst des Erzählens von der Verwünschung des Menschen und seinem mächtigen Wunsch nach Erlösung und von einer Sehnsucht, die nicht ins Leere läuft, verkündet auf ihre Weise die Botschaft, die ich im Evangelium lese: Glaube deiner Sehnsucht mehr als deiner Verzweiflung!

Ich arbeite seit über zwanzig Jahren als Theologe in der Erwachsenenbildung, und seit vielen Jahren erzähle ich Märchen. Aber das Erzählen der Märchen bedeutet für mich keinen Ausstieg aus der Glaubensverkündigung oder gar aus dem christlichen Glauben selbst. Vielmehr erlebe ich immer wieder, dass ich die Hoffnung des Christentums zwar kaum noch übermitteln kann in der Sprache und in den Denkmustern der Theologie, sie aber weitersagen kann, wenn ich Märchen erzähle.

Darum möchte ich in diesem Buch Märchen vorstellen, die meine Seele „aufgepflügt" haben und die ich immer wieder erlebe als Anstoß für Menschen, sich auf einfache Weise den Grundfragen unseres Lebens und Glaubens zu stellen, sei es nur im Hören, sei es im Austausch über die gehörten Geschichten.

Die Märchen, Sagen und Legenden in diesem Buch stammen also aus meinem „Erzähl-Schatz", sie sind aber keineswegs von mir erdacht, sondern alte Volksüberlieferungen. Ich habe sie nur so bearbeitet, dass sie für mich „klingen" und erzählbarer werden.

Mir besonders liebe Märchen habe ich hier zusammengestellt unter Stichworten, die wichtig sind in der Verkündigung. Und doch geht es nicht um die katechetische „Nutzung" der Märchen. Wie alles Schöne haben auch die Märchen ihren Sinn in sich, und je weniger wir sie verzwecken, desto mehr werden sie uns die Augen öffnen. Ergänzt wird die Sammlung einmal durch einleitende Kurzinformationen zur Märchenkunde – wovon erzählen die Märchen und wie können wir so erzählen, dass sie ankommen in den Ohren und Herzen der Zuhörer – sowie durch knappe Kommentare zu den abgedruckten Märchen, die keine Interpretationen sind, sondern nur Hinweise auf wichtige Aspekte der jeweiligen Erzählung.

Ohrenlicht – eine kleine Märchenkunde

A. Die Wahrheit der Märchen – wie Märchen das Leben deuten Eine kleine Märchenkunde in drei mal drei Thesen

1. *Märchen sind wahr, nicht wenn und weil sie „passiert" sind, sondern wenn und weil wir sie nicht vergessen wollen.*

Nicht als Theologe, sondern erst als Märchenerzähler habe ich den Grundsatz gelernt: „Verbürge dich für die Wahrheit der Geschichten, die du erzählst!" Doch behaupte ich nicht, die Märchen, für deren Wahrheit ich mich verbürge, seien „passiert". „Passieren" kommt von dem französischen Wort „passer", vorübergehen. Was nur passiert ist, ist nur von vorübergehender Bedeutung: heute passiert, morgen passé! Das deutsche Wort Wahrheit kommt von „bewahren", und das griechische Wort „aletheia", das wir auch im zuerst griechisch geschriebenen Evangelium finden, bedeutet wörtlich übersetzt: „Das nicht zu Vergessende", „das, was wir nicht vergessen dürfen". Ob unsere Kindheitserinnerungen so passiert sind, wie wir sie erinnern, ist oft fraglich, aber wir erinnern, was zu uns passt, wir erinnern und bewahren Lebenswahrheiten, die uns unser Leben deuten und bedeuten, die wir nicht vergessen wollen.
Wenn ich mich also für die Wahrheit eines Märchens verbürge, dann bürge ich dafür, dass hier etwas bewahrt bleibt, was lohnt, erinnert und nicht vergessen zu werden.

2. *Ein Märchen ist, wie der Name sagt, eine „kleine Mär", eine kleine Erzählung oder Botschaft vom „anderen Leben."*

Das mittelhochdeutsche Wort Mär bedeutet „Botschaft": „Vom Himmel hoch da komm ich her, ich bring, euch gute neue Mär", dichtete Martin Luther. Ein Märchen ist also eine kleine Botschaft, und da Märchen glücklich enden, eine kleine Frohe Botschaft. „Eventyr"

heißt Märchen auf Norwegisch, „Aventuire", Abenteuer, und das Wort kommt wiederum von Advent, adventus: was auf uns zukommt. Märchen erzählen vom Abenteuer Leben.
Und den vielleicht schönsten Namen für das Märchen haben einige Völker Sibiriens: sie sprechen vom „Ohrenlicht", von dem Licht, das uns über die Ohren aufgeht!

3. *Märchen erzählen von einem Lebens-Traum oder einem Lebens-Trauma: Erfahrungen, die wir nicht de-finieren können, suchen eine Geschichte.*

Wohl jeden Tag machen wir Erfahrungen, die wir nicht genau definieren, das heißt eingrenzen können. Was meine Kinder mir bedeuten, kann ich niemandem erklären, der keine Kinder mag. Wie sollte ich vernünftige Gründe angeben können, warum ich jemanden liebe, warum jemand mich liebt. Wie sollte ich erklären, was für mich schön ist? Wo immer wir an Schönheit, Liebe und Tod rühren, versagen unsere Definitionen, berühren wir ein Geheimnis, das größer ist als unsere Begriffe und unser Begreifen. Aber wir können von diesen herzbewegenden Erfahrungen doch auch nicht schweigen. Dann bleibt uns die analoge, „symbolische", „unscharfe" Sprache der Poesie. „Eine Erfahrung sucht eine Geschichte", schrieb Max Frisch. Solche Erfahrungsgeschichten sind Märchen, und zugleich sind sie Traum-Geschichten, weil sie von jener Wirklichkeit erzählen, die wir uns – jenseits unseres Begreifens – erträumen, erhoffen oder auch fürchten. Märchen erzählen von einem Lebens-Traum oder auch von einem Lebens-Trauma, sie holen unsere traumhaften Sehnsüchte ans Licht und unsere traumatischen Ängste. Symbolische Geschichten versuchen, das Unsagbare sagbar zu machen, so wie Paul Klee in seinen Bildern das Unsichtbare sichtbar machen wollte.
Solche „symbolischen Geschichten" sind – neben dem Märchen – auch der Mythos, die Legende und die Sage. Sehr vereinfacht kann man diese vier unterschiedlichen Formen so charakterisieren und unterscheiden:

(1) Der Mythos erzählt, wie göttliche, über-menschliche Mächte wirken im Ur-Grund, im Ur-Anfang und am Ende unserer Welt und Zeit;
(2) die Legende erzählt, wie Heilige den Himmel erden im Zeit-Raum dieser Welt;
(3) die (Helden-)Sage erzählt, wie „Große Menschen" (Männer) sich zu Tode siegen in einer Welt voller Tragik und heroischer Vergeblichkeit;
(4) das Märchen erzählt, wie „kleine Menschen-Kinder" ihr Glück finden.

4. *Märchen sind nicht Lügengeschichten für Kinder und Leichtgläubige, sondern eine zauberhafte Poesie gegen die Leere und Trostlosigkeit eines Daseins ohne Wunder.*

Märchen sind keine Lügen, so wie Träume keine Schäume sind. Aber Märchen sind, anders als unsere nächtlichen Traumerfahrungen, bewusst vorgetragen, sie sind gestaltet, sie sind darum Poesie, Kunst, ja, die Erzählkunst dürfte einer der ersten Künste der Menschheit gewesen sein. Und im Kern geht es bei dieser märchenhaften Poesie um das Wunder. Und das Wesen und die typische Form des Wunders ist die Verwandlung. Märchen erinnern wie die Wundergeschichten der Bibel, dass alles sich ändern kann, dass sogar ich mich ändern kann. Aber während in der Bibel das Wunder ein Einbruch des Göttlichen in diese Welt ist, auf den die Menschen mit Staunen antworten, ist das Wunder dem Märchen – wie dem Traum – selbstverständlich. Niemand im Märchen wundert sich, dass der Frosch sprechen kann oder zum Prinzen wird. Märchen sind voller Wunder – über die sich niemand wundert.

5. *Zauber-Märchen predigen keine „Moral", sie erzählen vom Glück! Sie wollen nicht belehren, sondern bezaubern.*

So wie die Religion seit der Aufklärung immer mehr zur „Volksmoral" verkam, so wurden auch die Märchen – durch die Brüder Grimm, noch mehr durch Bechstein – moralisiert. Aber die wirkli-

chen Zauber-Märchen dienen nicht den vorgesetzten oder besserwissenden übergeordneten Instanzen, sie erzählen vom Glück, das freilich kein blinder Zufall ist, sondern eine Frage der richtigen Lebenssicht und -haltung.
In den Märchen geht es dann nicht um die Erziehung der Menschen-Kinder, sondern um unsere Entwicklung, Verwandlung und Erlösung. Märchen ermahnen uns nicht, wie wir zu sein haben, sie erinnern uns ganz unaufdringlich daran, was und wie wir sein könnten. Und das wird nicht belehrend vorgetragen, sondern bezaubernd – und wer wäre nicht lieber mit einem bezaubernden als mit einem belehrenden Menschen verabredet?

6. *Märchen handeln vom Lebensweg des Menschen.*
   Innere Entwicklung wird erzählt als äußeres Geschehen, als ein Weg, eine Bewegung, die eher Spirale als Gerade ist.

Fast immer im Märchen muss jemand sich aufmachen, muss er oder sie einen Weg, seinen Weg suchen und gehen. Fast immer führt der Weg aus der Not zum Glück, endet das, was als Flucht oder Suche begonnen hat, mit einer Heimkehr, fast immer finden wir mit den Märchen aus der verlorenen Heimat Welt zur wiedergewonnenen Liebe zum Leben. Dabei kann ich mich wiedererkennen in *einer* Gestalt des Märchen – bin ich nicht Hänsel, das tapfere Schneiderlein, Zottelhaube? – und das Märchen beschreibt symbolisch die Welt um mich (eine Deutung auf der Objektstufe nennt man das). Oft noch sinnvoller wird mir das Märchen aber, wenn ich alle Gestalten des Märchens als Teile und Möglichkeiten in mir entdecke denn – in mir ist beides, Goldmarie und Pechmarie, der angeberische Müller und seine hilflose Tochter, der gierige König und der gar nicht selbstlose Helfer Rumpelstilzchen, aber auch der rettende Bote (das wäre eine Deutung auf der Subjektstufe). Aber in jedem Fall sind Märchenfiguren „typisch", gut oder böse, fleißig oder faul, eindeutige Alternativen.

7. *Die Kleinen, Verkannten, Verachteten sind die „Helden" der Märchen, die durch Prüfung, Leid, Schuld und Angst heimfinden zum wahren Leben.*

Alle Märchenfiguren zeigen Lebensmöglichkeiten, und doch hat jedes Märchen eine Hauptfigur, die es mit ungeteilter Aufmerksamkeit und ganzer Sympathie begleitet.
Diese Gestalt ist in aller Regel „klein", oft sind es Kinder, obwohl Kinder keineswegs die ursprünglichen und ersten Adressaten der Märchen waren, noch öfter aber sind es die, die „der großen Welt" klein erscheinen oder in ihr und von ihr kleingemacht wurden: all die Aschenputtel – der Aschenputtel war der unterste Küchenjunge, der den Kamin auskratzen musste –, die Dummlinge, die Jüngsten und Nachgeborenen, auf die es nie ankam. Aber – wie ein Kind – sind all diese Kleinen noch fähig, zu wachsen und sich zu entwickeln, und wir staunen immer wieder, als was sie sich entpuppen, wenn ihr wahres Wesen am Ende offen zu Tage tritt.

8. *Wir Menschen-Kinder brauchen Märchen, weil Märchen uns Mut machen, unsere Hoffnung wecken und uns zur Güte anstiften.*

Manchen scheinen Märchen zu grausam, weil die Märchenwelt nie heil ist, sondern immer gefährlich, bedroht und bedrohlich. Aber so wie wir das Schwimmen nur im Wasser lernen, so lernen wir Mut nur da, wo wir uns der Angst stellen. Märchen sind geradezu ein seelisches Trainingslager gegen die Angst. Denn die Angst und das, was uns Angst macht, werden überwunden – darum sind Märchen Hoffnungsgeschichten. Sie wecken unsere Phantasie, ohne uns zu Allmachtsphantasien zu verführen. Der Grund der Hoffnung liegt nie nur in uns, und der Angst-Gegner wird nie nur durch unsere Gegengewalt besiegt. Ja, mächtiger und wichtiger als Größe und Gier ist die Güte, erzählen die Märchen, und so stiften sie uns, ganz ohne erhobenen Zeigefinger, dazu an, einander gut zu sein, weil Glück im Märchen immer geteiltes Glück ist.

9. Die beiden großen Themen der Märchen sind

(1) der eigene Weg und
(2) der Kampf zwischen Liebe und Tod.

Und ihre doppelte frohe Botschaft lautet:
(1) Du bist erwünscht! Du wirst erwartet! Also geh! Und:
(2) Glaube deiner Sehnsucht mehr als deiner Verzweiflung

Die Welt ist doppeldeutig. Wir sind – wie ein Stück Kohle – Staub und Asche. Aber wie die Kohle brennt, weil sie im Grund nichts ist als in Kohlenstaub gehüllte Sonnenenergie, so sind auch wir, erzählen die Märchen, beschwört das Evangelium, trotz allem Staub, trotz aller Vergänglichkeit, nicht Aschenputtel, sondern Königskinder, Licht vom Licht.

B. „Und du Kind, wirst dem Herrn vorangehn ..." – Eine kleine Theologie des Märchens

Das Lukas-Evangelium erzählt von zwei wunderbar angekündigten Geburten. Als dem alten Priester Zacharias und seiner Frau Elisabeth endlich ein Sohn geboren wird – Johannes soll er heißen, später wird man ihn „den Täufer" nennen –, da öffnet der lange verstummte Kindsvater seinen Mund und singt ein Loblied, das „Benedictus":

Und du, Kind, dich wird man Prophet des Höchsten rufen.
Denn du wirst vor dem Herrn voranziehen, Seine Wege abzustecken.
Schenken wirst du Seinem Volk die rettende Erfahrung:
ihre Sünden sind erlassen
durch die tiefempfundne Anteilnahme unseres Gottes,
die sucht uns auf wie Morgenlicht aus Höhen,
um denen aufzuleuchten, die in Finsternis und Todesschatten sitzen,
und unsre Schritte hinzulenken auf den Weg des Friedens (Lk 1,77ff.).

Mir scheint, auch die Märchen sind so ein Kind uralter Menschheitshoffnung, die doch immer wieder fruchtbar wird – trotz ihres Alters. Und viele Märchen sind für mich, wie Johannes, Vorläufer des Evangeliums. Und wie Johannes und Jesus verwandt sind, so scheinen mir auch Märchen und christlicher Glaube seelenverwandt. Was aber ist „die Seele" des Christentums? Grundlegend und unverzichtbar scheinen mir folgende Überzeugungen:

(1) Alles Leben hat Einen unendlichen guten Grund (Einen Vater „über uns").
(2) Aber wir Menschen erleben uns – unserer Endlichkeit bewusst – abgesondert von der Unendlichkeit, an die uns der Himmel erinnert, wir leben „in Sünde", in Zerrissenheit, und diese gehört – als Erbsünde – zu unserem Wesen.
(3) Nicht wir Menschen können uns im heldenhaften Kampf und aus eigener Kraft erlösen aus dieser absondernden Angst und Endlichkeit, wir sind und bleiben endlich und unvollkommen – aber wir sind unendlich und vollkommen gewollt. (Dass allein Liebe das Leben erklärt, glauben Christen Jesus, dem „Sohn", der „unter uns" vorgelebt hat, wie und wo Gott ist.)
(4) Wo die Erfahrung geschenkter Liebe („Gnade") wirksam wird, kann sie sich (als Geist, Gott „in" und „durch uns") auswirken und uns und die Welt verwandeln.

Die anschaulichsten Verdichtungen dieser Glaubenshaltung sind für mich das Kreuzzeichen und die Gestalt der Maria: Das Kreuzzeichen fasst in einer Bewegung den Weg des Christentums zusammen. Weil der unendliche Gott, den wir Vater nennen, uns nahekommt und unser Leben annimmt und bejaht im Sohn, darum können wir uns und andere annehmen und bejahen in Seinem Geist. Meinen Kindern sage ich das so: Gott sagt Ja zu uns, damit wir Ja sagen können zueinander!
Maria war in der langen Geschichte der Christenheit vor allem in der Mystik und der Volksfrömmigkeit das Sinnbild der ganzen Kirche wie auch jedes einzelnen Christen, *der* Typos des Menschen, in

den sich Gott hineingeschenkt hat (darum ist ein solcher Mensch „Jungfrau"), der aber dieses Geschenk annimmt, der das Ja-Wort Gottes in sich wachsen lässt und immer neu zur Welt bringt.
In diesen grundlegenden Überzeugungen gibt es, so scheint mir, durchaus eine tiefe Verwandtschaft der Zaubermärchen mit der christlichen Lebenshoffnung. Zwar sind Märchen weder ausschließlich noch gar dogmatisch korrekt „christlich", sie haben keine theologischen Absichten und keinen theologischen Anspruch. Was also wissen die Märchen schon von Gott?
Nichts, so meint der große Märchenkundige Franz Vonessen, wenn wir nach dem Inhalt ihrer Weisheit fragen, nach dem, was sie über Gott wissen. Alles, wenn wir nach dem Ursprung ihrer Weisheit fragen, nach dem, was sie durch Gott wissen: „Er gibt diese Kunde. Zwar ist es nicht jene über ihn selber, die ‚Frohbotschaft'. Aber dennoch ist es eine sehr glückliche Kunde.; denn sie enthält Aufklärung über uns selbst. Diese Kunde enthüllt uns, was wir, von selber, über uns selber nicht wüssten – zum Beispiel, dass jeder Mensch zum König bestimmt ist, zur Herrschaft über sein Leben und über sich selbst" (Das kleine Welttheater, Die Märchen und die Philosophie, 1998, S. 54.). Aber als Wissen über den Menschen sind Märchen doch wieder unbewusste Theologie, sie erzählen von Gott auf der „via indirecta" (so Otto Betz), dem schmalen Nebenweg, der aber keineswegs immer Umweg und Irrweg ist. Nach biblischem Glauben ist der Mensch ja geschaffen zum Bilde Gottes, auch wenn er meist eher einem Schatten als einem Spiegel gleicht. Aber in jedem Menschenbild spiegelt sich, bewusst oder unbewusst, auch ein Gottesbild. Wenn Märchen erzählen, dass der Mensch in aller Gefahr Gefährten findet, dass helfende Lebens-Kräfte den Kleinen und Aufrechten zur Seite stehen, dass die Liebe am Ende stärker ist als der Tod, erzählen sie auch etwas von dem guten Grund dieser Menschen-Hoffnung.
So wissen Märchen wie Evangelium nicht nur um unsere Erlösungsbedürftigkeit, sie verbürgen sich – auf ihre je eigene Weise – auch für die Möglichkeit der Erlösung aus unserer Verwünschung, aus unserer „Sünde". Und Sünde ist biblisch-christlich nicht zuerst moralisches Fehlverhalten, sondern eine Erfahrung von Isolation, Angst

und Enge. Christentum wie Märchen behaupten keine heile Welt, aber sie beschwören, dass die Welt heilbar und nicht unheilbar verloren ist. Das Menschenkind kann erlöst werden, gerade weil es sich mehr als jedes andere Lebewesen dieser Erde als ein Waisenkind erlebt – die Tiere leben unbewusst und geborgen, sagen die Verhaltensforscher, der Mensch lebt bewusst und ungeborgen. Aber das Waisenkind, das seine Dunkelheit erkennt und nach Licht sucht, kann den Funken in der Asche seines Lebens finden und entzünden lassen – und es wird vom Aschenputtel zum Königskind.
Das griechische Wort Christ heißt „Gesalbter", und gesalbt wurden in biblischer Zeit die Könige. Christsein heißt glauben, dass wir alle eine unsichtbare Krone tragen, die uns niemand nehmen kann. Schon bei der Taufe, vor jeder Leistung, wird ein Kind gesalbt, und wenn wir mit unserer Kraft am Ende sind, dann werden wir noch einmal gesalbt: Unsere königliche Würde gründet nicht in unserer Leistung und endet nicht mit unserer Leistung. Christsein heißt wissen, dass jedes Menschenkind, mag es sich auch oft als verlorenes Waisenkind erfahren, in Wahrheit ein Königskind ist.
So fordern uns das Evangelium sowie die Märchen heraus, mit dieser unsichtbaren Krone getrost unseren Weg zu gehen, dass wir trotz aller Dummheit, Bosheit und Herzenshärte in uns und um uns dem Leben trauen und uns trauen zu leben.

C. Praktische Tipps zum Erzählen und Vorlesen von Märchen

So wie der Leib Christi nicht im Stein gegenwärtig wird, sondern nur im Brot, so wird die „Seele" des Märchens nur gegenwärtig in der Sprache, die nicht versteinert ist, sondern mitteilbar wie Brot. Nun sind Märchen aber oft, weil mehrfach übersetzt und aufgezeichnet in typischer Schriftsprache, „versteinert". Und aus der Versteinerung muss ich sie „erlösen". Dazu zehn kurze Hinweise:

1. Prüfe, ob du in alltäglichen Erzählsituationen mit diesen Worten (wie z.B. „erwidern", „beobachten"), mit diesem Satzbau sprechen würdest.
2. Bevorzuge kurze Hauptsätze (oder Sprecheinheiten).
3. Baue Sätze so auf, dass die entscheidenden Bildworte besonders gut hörbar sind, etwa indem sie am Anfang oder Ende des Satzes stehen.
4. Bevorzuge Verben gegenüber Substantiven.
5. Bevorzuge direkte Rede, sie macht ein Märchen lebendig. Wo du indirekte Rede benutzt, sei dir bewusst, was du damit willst. Indirekte Rede zeigt eine Distanz des Erzählers zur sprechenden Figur an oder eine gewisse Unsicherheit des Sprechenden. Verzichte auf überflüssige „Regieanweisungen" (wie z.B. „sagte der Mann").
6. Vermeide abstrakte und moderne Ausdrücke so wie „Slangsprache". Suche bildhafte, durchaus auch ungewöhnliche Worte (z.B. „Itsche").
7. Rekonstruiere, wo nötig, den roten Faden. Stelle um, vereinfache und kürze, wenn das im Interesse der Hörer und Hörerinnen nötig scheint. Aber kürze nicht die sich immer wiederholenden Worte oder Handlungen.
8. Wechsle die Zeitformen. Wähle das Präsens, wo es spannend oder jenseitig wird.
9. Wiederhole feste Sprüche. Und bringe sie in eine wenigstens ungefähre Reimform.
10. Achte auf den Einstieg in das Märchen und – wichtiger noch – auf den Ausklang! Gib dem Zuhörer ein letztes „Bild" mit, einen letzten Eindruck, der vielleicht das Erzählte noch einmal neu beleuchtet.

Ich habe nun als Beispiel für solche Bearbeitung ein Indianermärchen eingefügt, das ich bei Lisa Tetzner, Die schönsten Märchen der Welt, Bd. 1, gefunden habe:

(1) Die Entstehung der Sterne

Vor langer Zeit lebte eine Frau namens Pakuana. Sie hatte einen Sohn namens Stsquaqua.

Sie besaßen große Vorräte ab getrockneten Lachsen, und als es Winter wurde, sprach die Frau zu ihrem Sohn: „Lege die Lachse in den Fluss und wässere sie aus“.

Der Knabe gehorchte. Er brachte abends die Fische zum Flusse und bedeckte sie mit schweren Steinen.

Als er morgens zum Wasser ging, um die Fische wieder zu holen, waren sie verschwunden. Da lief er zu seiner Mutter und rief: „Oh, Mutter, jemand hat unsere Lachse gestohlen. Ich weiß aber nicht, wer der Dieb ist.“
Abends legte er wieder getrocknete Lachse ins Wasser, und wieder wurden sie gestohlen, obwohl er sie diesmal mit noch mehr Steinen bedeckt hatte.

Vor langer Zeit lebte eine Frau, ihr Name war Pakuana, sie lebte allein mit ihrem kleinen Sohn, Stsquaqua hieß der.
Im Sommer hatten sie viele Lachse gefangen und getrocknet, und als nun der Winter kam, sagte Pakuana: „Nimm ein paar von den gedörrten Fischen, Sohn, und leg, sie zum Einweichen in den Fluss!“
Das tat der Junge. Er nahm so viele Lachse, wie er tragen konnte, lief hinunter zum Fluss und legte sie ins Wasser. Und dann legte er noch große schwere Steine auf die Fische, damit die nicht weggespült würden.
Doch als er am Morgen die Fische holen wollte, da waren sie fort. Er lief zurück zu seiner Mutter: „Mutter, Mutter, jemand hat unsere Lachse gestohlen! Ich weiß aber nicht, wer der Dieb gewesen ist.“
Am nächsten Abend legte er wieder getrocknete Lachse in den Fluss, diesmal versteckte er sie unter noch größeren Steinen. Aber am Morgen waren die Fische trotzdem verschwunden.

Als in der dritten Nacht das gleiche geschah, legte er sich auf die Lauer, um den Dieb zu ertappen.

Er hatte noch nicht lange in seinem Versteck gewartet, da sah er einen grauen Bären kommen und die Fische unter den Steinen fortziehen.

Rasch sprang er hervor und schrie: „Tsk, tsk! Warum stiehlst du meine Fische?“
Der Bär erwiderte: „Sei still! Ich bin groß und du bist klein. Ich kann dich fressen.“ Und schon schlürfte er den Kleinen durch die Nase ein.

Dieser aber flog gerade durch ihn hindurch, hinten wieder heraus, und rief höhnend: „Tsk, tsk! Da bin ich! Deine Nase und dein Hinterer sind zu groß.“
Dreimal verschlang ihn der Bär, und jedesmal kam er wieder hinten heraus.

Am dritten Abend aber ging Stsquaqua, als die Lachse im Wasser lagen, nicht wieder heim; er legte sich am Ufer auf die Lauer, um den Dieb zu erwischen. Und nicht lange, da hört er es rascheln und schnüffeln und brummen, und ein großer grauer Bär tappt in den Fluss und zieht die Fische unter den Steinen hervor.
Da springt der Junge aus seinem Versteck: „Tsk, tsk! Was stiehlst du meine Fische?!“
„Sei still!“, knurrt der Bär. „Ich bin groß, und du bist klein! Ich kann dich fressen.“ Und dann schnieft er und schnauft und schnüffelt – und schlürft den Kleinen durch seine Nase ein.
Stsquaqua aber, klein wie er war, fliegt geradewegs durch ihn hindurch, fliegt hinten wieder heraus! „Tsk, Tsk! Da bin ich wieder! Deine Nase und dein Hintern sind zu groß!“
Der Bär dreht sich um. „Na warte“, brummt er, schnieft und schnauft und schnüffelt wieder – und schlürft den Kleinen zum zweiten Mal hinunter. Aber der fliegt auch diesmal gleich wieder hinten hinaus!

Da nahm der Bär zwei Propfen, verschluckte den Kleinen und verstopfte sich Nase und Hintern, so dass jener gefangen war.

Stsquaqua nahm sein Feuerzeug und machte ein Feuer im Magen des Bären. Als dasselbe lichterloh brannte, stieß er den Pflock aus dem Hintern und flog von dannen.
Der Bär aber schrie. „Das Feuer verbrennt mich. Lösche es aus.“

Stsquaqua aber antwortete: „Nein, du musst sterben, denn du hast mich fressen wollen.“
Der Bär fiel auf den Rücken und schlug noch ein paarmal mit seinen Pfoten um sich; dann platzte sein Bauch, und er war tot. Viele Funken flogen heraus und wurden in Sterne verwandelt.

„Tsk, Tsk! Da bin ich wieder! Deine Nase und dein Hintern sind zu groß!“
„Das machst du nicht noch einmal“, faucht der Bär, nimmt zwei hölzerne Pflöcke, verschluckt den Kleinen ein drittes Mal, und dann stopft und propft er den einen Pflock in seine Nase, den anderen in seinen Hintern! „So, jetzt hab’ ich dich!“
Doch der Junge im Magen des Bären nimmt sein Feuerzeug und macht Feuer. Und als es im Bauch der Bären lichterloh brennt, stößt er den Pflock aus dem Hintern und entwischt.
Und der Bär schreit wie am Spieß: „Es brennt, es brennt in meinem Bauch! Das Feuer frisst mich! Lösch es aus, lösch es aus!“
„Nein“, sagt Stsquaqua, „du hast unsere Fische gestohlen, du wolltest mich fressen, und nun musst du sterben!“
Da fällt der Bär um, fällt auf seinen Rücken, schlägt noch ein paarmal mit den Tatzen um sich, dann platzte er und war tot. Viele Funken aber flogen heraus, flogen hoch bis zum Himmel und wurden zu Sternen, und die leuchten uns noch heute, wenn es dunkel wird.

Abschließend noch einige Tipps zum Vortragen eines Märchens, obwohl das „auf Papier“ kaum möglich ist:

1. Achte auf deine äußere Haltung: Beim Erzählen sitze aufrecht, nicht angelehnt, lieber auf einem Hocker als im Sessel, beide Füße fest auf dem Boden.
2. Überlege, welchen Grundton das Märchen hat. Ist es sachlich oder dramatisch, heiter oder schwermütig, derb und schwankhaft oder geheimnisvoll und zauberhaft? Schon bei den ersten Sätzen müssen die Zuhörer und Zuhörerinnen ahnen, auf was sie sich einstellen sollen. Sollen sie lachen? sich gruseln? vielleicht gar weinen? oder ins Träumen kommen?
3. Teile das Märchen in Sprechgruppen ein, jede Sprechgruppe „transportiert“ einen Eindruck in die Ohren der Zuhörer, manchmal besteht sie nur aus einem Wort, nie ist sie länger als ein Satz.
4. Betone nur ein Wort in jeder Sprechgruppe, und zwar ein Bildwort, nicht – wie es leider oft geschieht – Worte wie „so“ oder „da“. Das betonte Wort soll ein Bild in den Kopf des Zuhörers projezieren, ihm erinnern, was besonders wichtig ist. Betont wird in aller Regel das Wort, das hier auf keinen Fall fehlen darf.
5. Abwechselung kommt in die Erzählung, wenn man unterschiedliche Figuren stimmlich voneinander absetzt, nicht nur durch unterschiedliche Höhe und Tiefe der Stimme, sondern auch durch einen anderen Rhythmus; so spricht der König bestimmt, und Jenseitige schwebend, was man erreicht, wenn man alle Betonung weglässt.
6. Dynamik, Spannung, Schwung und Abwechselung stellt sich von selbst ein durch unterschiedlich lange Sprechgruppe, (z.B. „ach“ oder „schnell lief der Hirt in seine Hütte zurück“), oder gezielt durch schnelleres (nie schnelles) oder langsameres Sprechen.

Sie können nach diesen Regeln erzählen, aber auch vorlesen – übrigens nicht nur Märchen, sondern auch biblische Texte.

10 Märchen von Verwünschung und Erlösung

Im Christentum wie im Märchen geht es um Erlösung – ein Wort, das in den Märchen wohl lebendiger und vertrauter ist als in den Gemeinden. Aber wie sollen wir erlöst werden und wovon? Von der Sünde, sagt die christliche Tradition, aber dieses Wort ist nicht weniger „unmodern" als das Wort Erlösung.
Gerade hier können Märchen weiterhelfen zu einem tieferen, wirklich religiösen und nicht nur moralischen Verständnis von Erlösung und Sünde. Zwar kommt das Wort Sünde in Märchen kaum vor; der Gegenbegriff zu Erlösung ist hier Verwünschung. Und wie das in vielen Varianten verbreitete Märchen „Vom Fischer und seiner Frau" zeigt, ist Verwünschung weniger von außen auferlegter Fluch als Ausdruck falschen Wünschens. So wie wir uns auf dem falschen Weg verlaufen, so verwünschen wir uns mit falschen Wünschen. Das erzählt auch die Paradiesgeschichte Genesis 2, wo der Mensch durch den falschen Wunsch, wie Gott zu sein, ins Unglück gerät.
Die Märchen der ersten Reihe (2–11) kreisen um dieses Grundthema, katechetisch eignen sie sich als Impuls sowohl bei der grundsätzlichen Frage nach Lebens-Sinn wie auch als ungewöhnlicher, darum nicht blockierter Einstieg in das Thema: Sünde – Vergebung – Beichte.
Am Anfang dieser Reihe steht kein Volksmärchen, sondern ein Anti-Märchen aus der Literatur, das (2) *Märchen vom armen Kind* aus Georg Büchners Woyzzek. Ganz in der Bildersprache der Märchen widerruft Büchner ihren Sinn; treffend hält er die tiefste Bedeutung von Sünde fest: Absonderung, Isolation. Das bekannte Märchen (3) *Die Sterntaler*, von den Brüdern Grimm 1812 zuerst als Das arme Mädchen veröffentlicht, hat vielleicht Büchners Anti-Märchen provoziert. (4) *Der Pfefferbaum* aus der Karibik spiegelt die Spannung des Menschenlebens zwischen unausweichlicher Bedrohtheit und unauslöschlicher Hoffnung auf Rettung. Das baskische (5) *Ichselber* ist trotz aller unterhaltsamen Züge eine „Anti-

Kommunion-Geschichte" und zeigt, was sich aus der Erb-Sünde der Isolation ergibt. Auch (6) *Die gefräßige Katze* aus Norwegen erzählt auf unterhaltsame Weise vom abgesonderten, egozentrischen Weg ins Verderben. (7) *Die Seele des Wals* ist eine Version des Sündenfalls aus der Erzähltradition der Inuit (Eskimo). Auch hier geht es um die Unfähigkeit, mit Grenzen zu leben. Aus dem Pandjab in Nordindien kommt das Märchen (8) *Der Wunsch des Webers*, das vom richtigen Wünschen erzählt. Eine trotz ihrer originellen Form typische Erlösungs- und Verwandlungsgeschichte ist das venezianische Märchen (9) *Der verhexte Ring*. (10) Aus der Urfassung der Grimmschen Märchen stammt *Die drei Raben*, ein Märchen, das noch einmal das Bild vom wandernden armen Kind aufnimmt. Diese erste Reihe schließt mit dem wohl ältesten in (mittelhoch-)deutscher Sprache erhaltene „Märlein" aus der (11) *Predigt* 22 *Meister Eckarts* (um 1300).

(2) Märchen vom armen Kind

Es war einmal ein arm' Kind und hatt keinen Vater und keine Mutter, war alles tot, und war niemand mehr auf der Welt. Alles tot, und es is hingangen und hat gesucht Tag und Nacht. Und weil auf der Erde niemand mehr war, wollt's in Himmel gehn, und der Mond guckt es so freundlich an; und wie es endlich zum Mond kam, war's ein Stück faul Holz. Und da ist es zur Sonn gangen, und wie es zur Sonn kam, war's ein verwelkt Sonneblum. Und wie's zu den Sternen kam, waren's kleine goldene Mücken, die waren angesteckt, wie der Neuntöter sie auf die Schlehen steckt. Und wie's wieder auf die Erde wollt, war die Erde ein umgestürzter Hafen. Und es war ganz allein. Und da hat sich's hingesetzt und geweint, und da sitzt es noch und is ganz allein.

(aus Georg Büchner, Woyzeck)

Dass ein armes Waisenkind zu Sonne, Mond und/oder Sternen reist, ist ein ganz typisches Märchenmotiv. In Büchners Anti-Märchen aber sind der Himmel wie die Erde leer, nirgends gibt es Begegnung, Beziehung, überall Enttäuschung, Trostlosigkeit, Einsamkeit, Isolation – theologisch gesagt: (Erb-)Sünde, Absonderung und Verlorenheit. Absonderung ist hier – wie bei dem christlichen Schlüsselbegriff „Erbsünde" – nicht zuerst eine moralische, sondern eine existenzielle Erfahrung. Das arme Kind erfährt Böses, dass es Böses getan hätte, wird nicht erzählt.
Das Wort „Hafen" bedeutet in oberdeutschen Mundarten „Topf".

(3) Die Sterntaler

Es war einmal ein kleines Mädchen, dem waren Vater und Mutter gestorben, und es war so arm, dass es kein Kämmerchen mehr hatte darin zu wohnen, und kein Bett mehr, darin zu schlafen, und endlich gar nichts mehr als die Kleider auf dem Leib und ein Stückchen Brot in der Hand, das ihm ein mitleidiges Herz noch geschenkt hatte. Es war aber gut und fromm. Und weil es so von aller Welt verlassen war, ging es im Vertrauen auf den lieben Gott hinaus ins Feld.
Da begegnete ihm ein armer Mann, der sprach: „Ach, gib mir etwas zu essen, ich bin so hungrig." Es reichte ihm das ganze Stückchen Brot und sagte: „Gott segne dir's", und ging weiter. Da kam ein Kind, das jammerte und sprach: „Es friert mich so an meinem Kopfe, schenk, mir etwas, womit ich ihn bedecken kann." Da tat es seine Mütze ab und gab sie ihm. Und als es noch eine Weile gegangen war, kam wieder ein Kind und hatte kein Leibchen an und fror: da gab es ihm seins: und noch weiter, da bat eins um ein Röcklein, das gab es auch von sich hin. Endlich gelangte es in einen Wald, und es war schon dunkel geworden; da kam noch eins und bat um ein Hemdlein, und das fromme Mädchen dachte: „Es ist dunkle Nacht, da

sieht dich niemand, du kannst wohl dein Hemd weggeben", und zog das Hemd ab und gab es auch noch hin.
Und wie es so stand und gar nichts mehr hatte, fielen auf einmal die Sterne vom Himmel und wurden lauter harte, blanke Taler: und ob es gleich sein Hemd weggegeben, so hatte es ein neues an und das war vom allerfeinsten Linnen. Da sammelte es sich die Taler hinein und war reich für sein Lebtag.

(Grimm 1857, zuerst 1812 veröffentlicht als „Das arme Mädchen")

Im Vergleich zu Büchners Antimärchen wird hier sofort das Märchenhafte deutlich: das glückliche Ende. Aber warum endet das Märchen gut? Weil das Sterntaler-Mädchen nicht in einer leeren Welt lebt, weil es zwar seinen eigenen Weg geht, aber Menschen wahrnimmt. Das arme Mädchen ist ganz eigen und doch ganz einfühlsam, und ihr Vertrauen trägt sie hinaus ins einsame Feld und weiter in den dunklen Wald, und trägt ihr endlich das Licht des Himmels zu. Und weil sie so ohne jede Berechnung handelt, darum „opfert" sie sich nicht, sie gibt ganz selbstverständlich, ohne Berechnung, ohne Gedanken an Lohn, „sunder warumbe", wie Meister Eckart es nannte, ohne warum. Allerdings hat sie eine Voraussetzung mitbekommen, die Büchners armem Kind fehlt. Zumindest ein Stück Brot wurde ihr geschenkt. So ist das Märchen im Grunde eine Brotvermehrungsgeschichte: das Mädchen ist eine Beschenkte und schenkt weiter, wer aber nie etwas geschenkt bekam, wie sollte der wissen, wie das geht?
Das Märchen ist – vermutlich auch durch die Grimmsche Bearbeitung – deutlich religiöser als übliche Volksmärchen. Allerdings war das Wort „fromm" noch zu Beginn des 19. Jahrhunderts kein ausschließlich religiöser Begriff. Heute versteht man „fromm" meist als frömmelnd, scheinheilig, bestenfalls weltfremd. Ursprünglich meint „fromm" – verwandt mit dem lateinischen „primus" – aber eher wohltuend. „Es frommt mir", sagte man, es tut mir gut, und

man konnte etwas „zu Nutz und Frommen" erhalten. Fromm ist der Mensch, der gut tut. Dieser ursprüngliche Sinn wird noch erkennbar in dem seltsamen Begriff „ein frommes Pferd". Das ist kein Pferd mit andressierter Religion, sondern eines, das nicht tückisch ist. Ein frommer Mensch also wäre – zumindest im Märchen – ein Mensch, der anderen frommt, der ihnen gut tut, was nicht immer das Gleiche ist wie einer, der Gutes tut.
Das Mädchen, das seine Güte, die das letzte Hemd weggibt, nicht sehen lassen will, steht endlich allein im Dunkeln – nackt und bloß. Da fallen die Sterne fallen vom Himmel. Das ist kein unerwarteter Geldregen, der herniederprasselt. Vielmehr ist der Sturz der Sterne auf die Erde ein altes mythisches, auch biblisch bezeugtes (Jes 13, 10, Mt 24,29par) und bis in moderne Filme (Armaggedon) lebendiges Bild für den Weltuntergang. Aber dieser Untergang erweist sich als strahlender Neuanfang. Das Mädchen hat ein Stück Himmel auf die Erde geholt und ist reich beschenkt.

(4) Der Pfefferbaum

Es war einmal eine Frau, die hatte eine Tochter, und die Frau hing ein Bündel Feigen auf zum Trocknen. „Ich geh' jetzt," sagte sie dann zu dem kleinen Mädchen, „wenn ein schwarzer Vogel kommt und die Feigen fressen will, jag ihn fort! Denn komme ich zurück und der Vogel hat die Früchte gefressen, so töte ich dich!"
Die Mutter ging und verwandelte sich in einen schwarzen Vogel, kam zurück und fing an, die Feigen zu fressen. Und was das Mädchen auch tat, um den Vogel zu verscheuchen, der flog nicht weg. Da sang sie:

„Bitte, schwarzer Vogel, bitte,
Friss, doch diese Feigen nicht!
Denn meine Mutter hat gesagt:

Gibst du nicht auf die Früchte acht,
begrab' ich dich lebendig!"

Doch erst als der Vogel alle Früchte gefressen hatte, flog er davon. Da kam die Mutter zurück: „Was hast du den Vogel die Feigen fressen lassen?" Das Mädchen sagte, was immer sie auch getan habe, um den Vogel zu vertreiben, der sei nicht weggeflogen. Da hob die Mutter ein Loch aus und begrub das kleine Mädchen lebendig. Und auf ihr Grab pflanzte sie einen Pfefferbaum. Den Leuten aber sagte sie, sie wisse auch nicht, wo ihre Tochter geblieben sei.
Die Frau hatte auch einen Sohn. Der wollte Pfeffer pflücken von dem Baum. Da singt der Baum:

„Bitte, kleiner Bruder, bitte,
pflück' doch diesen Pfeffer nicht!
Denn meine Mutter hat gesagt:
Gibst du nicht auf die Früchte acht,
begrab' ich dich lebendig!"

Da ließ der Bruder den Pfeffer, lief heim zu seinem Vater und erzählte ihm von dem singenden Baum.
Nun kommt der Vater, um Pfeffer zu pflücken, und abermals singt der Baum:

„Bitte, lieber Vater, bitte,
pflück' doch diesen Pfeffer nicht!
Denn meine Mutter hat gesagt:
Gibst du nicht auf die Früchte acht,
begrab' ich dich lebendig!"

Der Vater aber gräbt sein Kind aus der Erde, es lebt, und er geht mit dem Mädchen nach Hause. Und die Mutter, die nimmt er und hat sie lebendig begraben.

(Aus Grenada, nach: Märchen der Weltliteratur [Diederichs] – Märchen aus der Karibik, Bearbeitung: Heinrich Dickerhoff)

Überall auf der Welt finden wir Märchen von der mörderischen Mutter, erst die Brüder Grimm haben sie durchgängig umgeformt zur Stiefmutter. Und noch in der Grimmschen Urfassung von 1812 ist die schöne, aber böse Königin Schneewittchens Mutter; ihr Befehl an den Jäger ist, das Mädchen in den Wald zu bringen, „und da stichs todt, und bring mir zum Wahrzeichen seine Lunge und seine Leber mit, die will ich mit Salz kochen und essen!"
Wenn ein Motiv so verbreitet ist, spiegelt es eine Urerfahrung, aber wohl weniger das „individualpsychologische" Problem der Loslösung von der Mutter als vielmehr die menschliche Daseinserfahrung mit der Mutter Erde, der Materia, der Mutter Natur, der Evolution, die das Leben überreich hervorbringt, aber es mitleidlos auch wieder verschlingt – die alten Muttergottheiten waren immer auch Todesgöttinnen.
Das Wissen um unsere „Kontingenz", unsere Vergänglichkeit, unterscheidet uns Menschen von den Tieren. „Die zwei Kinder waren auch noch wach vor Hunger und hatten alles gehört, was die Mutter zum Vater gesagt hatte", heißt es in Hänsel und Gretel. Während die tierischen Erdenkinder schlafen, sind wir Menschenkinder wach und haben der Natur die für uns mörderische Absicht abgelauscht: was geboren ist, wird sterben, und was ist, wird verwesen. Das karibische Märchen Der Pfefferbaum ist die kürzeste mir bekannte Fassung des Märchentypes vom Konflikt mit der mörderischen Mutter. Unsere Vergänglichkeit wird ausgemalt im Bild der Feigen, der Lebensfrüchte, die wir hüten sollen und doch nicht bewahren können: Was uns das Leben gibt, zehrt es auch wieder auf. Und der biologische Tod ist nur die extremste Form der Endlichkeit, all der Abschiede und Grenzen, die uns mitten im Leben umfangen.

Die einzige Waffe und Gegenwehr des Mädchens ist der Gesang, die Poesie, die Magie – denn jedes Lied im Märchen ist ein Zauber. In diesem kleinen Märchen beschwört das Lied über den Bruder das rettende Eingreifen des Vaters herauf. Der tritt auf als Welten-Richter, und dieser Vater mag eine Erinnerung sein an den in vielen Religionen und Kulturen erhofften Himmels-Vater, der zugleich Partner und Gegenspieler der Mutter Erde ist. Doch während die Mutter ganz präsent und zugreifend ist, erscheint der Vater oft schwach – wie bei Hänsel und Gretel – oder abwesend – wie Schneewittchens Vater. Aber das Märchen gibt die Hoffnung nicht auf, dass das Lied den Vater herbeiruft, und dass der am Ende alles wieder in Ordnung bringt. Wir sind endlich, und wir wissen es – und leiden daran. Aber das letzte Wort hat nicht das Natur-Gesetz: „Fressen und gefressen werden", sondern der Vater, der uns wieder heimholt ins Leben.
Eine Erfahrung sucht eine Geschichte – eine Geschichte vom verzweifelten Bemühen, das Leben zu bewahren, und von der Hoffnung auf Rettung, auf eine Macht, die unserem Lebenshunger gerecht wird. Dieselbe Spannung spricht sich – in anderer Sprachgestalt – biblisch etwa aus im Psalm 90, der dem Mose zugeschrieben wird, dem großen Führer Israels und Vertrauten Gottes, der doch das Gelobte Land nur aus der Ferne sieht und nie selbst erreicht.

(5) Ichselber (oder: Die Verwünschung des Laminak)

Es lebten in den Bergen des Baskenlandes ein alter Mann und seine Frau. Sie waren arm und besaßen nur ein paar Schafe. Die hat der Mann jeden Tag auf die Bergweiden getrieben, und die Frau hat die Wolle zu Garn versponnen. Das reichte grad für das tägliche Brot und ab und an einen Krug Wein.
Einmal war der Mann schon früh zu Bett gegangen und schlief, und die Frau hat noch am Kamin gesessen und gesponnen. Da raschelt's im Schornstein und rumpelt und poltert – und ein Laminak springt ins Zimmer und knurrt:

„Gib mir Wein, gib mir Brot,
sonst schmoll' ich, sonst groll' ich,
sonst hex' ich dich tot!"

Da ist die Alte ganz erschrocken in die Speisekammer gelaufen, hat das Brot geholt und den Wein. Und der Laminak hat das Brot genommen, dreimal zugebissen: hap, hap, hap – da ist das Brot weg. Und dann hat er den Krug mit Wein genommen, dreimal geschluckt: gluck, gluck, gluck – da ist auch der Krug leer. Und dann ist er wieder gegangen. Aber an der Türe hat er sich noch einmal umgedreht und hat die Frau böse angeschaut und geknurrt:

„Wenn du was sagst, wenn du es wagst,
mich zu verraten, sollst du in der Hölle braten!"

Früh am nächsten Morgen ist der Mann aufgestanden und wollte sich aus der Speisekammer ein Stück Brot holen, aber da war nichts mehr. „Frau", hat er gerufen, „wo ist denn das Brot?" Die Frau hat sich nicht getraut, die Wahrheit zu sagen: „Ach, ich hab' heut Nacht solchen Hunger gehabt, da hab ich alles aufgegessen." – „Und wo ist der Wein?" – „Nun, Durst hab, ich auch gehabt." Da hat der Mann wohl gemerkt, dass etwas nicht stimmte, denn seine Frau hat nie so viel gegessen und getrunken. Aber er hat nichts weiter gesagt und ist zu seinen Schafen hinausgegangen.
Am nächsten Abend ist er wieder früh zu Bett gegangen, und seine Frau hat am Kamin gesessen und gesponnen. Aber der Mann hat nur so getan, als würde er schlafen, und so hat er alles gehört: wie es im Schornstein raschelt und rumpelt und poltert und wie der Laminak ins Zimmer springt und knurrt:

„Gib mir Wein, gib mir Brot,
sonst schmoll' ich,
sonst groll' ich, sonst hex' ich dich tot!"

Und wieder ist die Alte gelaufen und hat Brot geholt und Wein, und der Laminak hat alles aufgefressen und ausgesoffen, und an der Tür hat er wieder gebrummt:

„Wenn du was sagst, wenn du es wagst,
mich zu verraten, sollst du in der Hölle braten!"

Da hat der Mann gewusst, warum kein Brot mehr da war und kein Wein. Und gleich am nächsten Morgen ist er zum Pfarrer gegangen und hat ihm alles erzählt. „Tja," hat der Pfarrer gesagt, „das ist so eine Sache mit den Laminaks. Das Böse, das sie wünschen, geht tatsächlich in Erfüllung." Aber dann haben sie die Köpfe zusammengesteckt und überlegt, und es ist ihnen auch etwas eingefallen.
Am dritten Abend hat der Mann seine Frau früh zu Bett geschickt, und weil sie zwei Nächte vor Angst kein Auge zugemacht hat, ist sie auch bald eingeschlafen. Dann hat der Mann sich eins ihrer Kleider übergezogen und sich ihr Kopftuch umgebunden, und so verkleidet hat er sich an den Kamin gesetzt und gewartet. Und es dauert auch nicht lange, da raschelt's im Schornstein und rumpelt und poltert – und der Laminak ist wieder da und knurrt:

„Gib mir Wein, gib mir Brot,
sonst schmoll' ich, sonst groll' ich,
sonst hex' ich dich tot!"

Aber da hat der Mann mit hoher Frauenstimme gesungen:

„Heute ist kein Brot mehr da,
Ichselber aß, was übrig war.
Und es gibt auch keinen Wein,
Ichselber trank ihn ganz allein!"

Da ist der Laminak fuchsteufelswild geworden und hat gebrüllt: "Ichselber, Ichselber, wer ist das, Ichselber? Ist das dein

Name?“ Ja, hat der Mann da gesagt, das sei sein Name. Und da hat der Laminak noch lauter gebrüllt, das werde ihr noch leid tun, dass sie alles aufgefressen und ausgesoffen habe. Und dann hat er geflucht:

„Ichselber, Ichselber will alles essen,
Ichselber, Ichselber will alles trinken,
Ichselber, Ichselber soll auf der Stelle
tot zu Boden sinken!“

Kaum hat er das gesagt, da ist er selber tot umgefallen. Da hat der Alte seine Frau gerufen und sie haben den toten Laminak aus dem Haus getragen und ins Wasser geworfen.
Als die andern Laminaks ihn gefunden haben, haben sie ihn mit ihrer Hexenkunst wieder lebendig gemacht, und sie haben ihn gefragt: „Wer hat dir das angetan?“ – „Ichselber, Ichselber, Ichselber war's!“, hat er geschrien. Und da haben sie ihn erst ausgelacht und dann verprügelt, und zur Strafe für seine Dummheit haben sie ihm verboten, je wieder hinaufzugehen in die Menschenwelt!“
Aber wer weiß: Wenn du irgendwo bist, wo es nur immer heißt „Ichselber, Ichselber, Ichselber“ – kann sein, dass dann ein Laminak ganz in der Nähe ist!
(Nach: Märchen der Weltliteratur, Baskische Märchen [Dietrichs], Bearbeitung: Heinrich Dickerhoff)

Dieses Mit-Mach-Märchen lebt davon, dass die Figuren sprachlich voneinander abgesetzt werden, der Laminak wird laut und tief und im „nach unten gebrochenen Rhythmus" (vgl. S. 17) gesprochen, der Erzählende sollte die Zuhörer animieren, die Sprüche des Laminaks im Chor nachzurufen. Auch können sie das Auftreten des Laminaks mit Geräuschen begleiten: „da raschelts im Schornstein..." (alle reiben die Hände) „und rumpelt..." (alle klopfen auf die Schen-

kel) „und poltert..." (alle stampfen mit den Füssen). Man kann ein so lebhaftes Märchen durchaus als bewussten Bruch nach eher besinnlichen Geschichten erzählen.
Inhaltlich gibt es zu dem Märchen Parallelen aus vielen Ländern Europas, ähnlich wie in der Begegnung des Odysseus mit dem einäugigen Zyklopen Polyphem spielt das Missverstehen eines Namens – bei Odysseus „Niemand" – eine entscheidende Rolle. Das Märchen ist aber mehr noch eine „Anti-Kommunion-Geschichte" – Brot und Wein werden gerade nicht geteilt– und damit zugleich eine Erzählung vom Leben in Verwünschung und Sünde.
Das Wort „Ich(selber)" kennt der Laminak nicht. Weil das Ich-Bewusstsein sich psychologisch zusammen mit dem Du-Bewusstsein entwickelt, darum ist Egozentrik nicht Ausdruck eines starken, sondern eines fehlenden Ich-Bewussteins.

(6) Die gefräßige Katze

Es war einmal ein Mann, der hatte eine Katze, die war so gefräßig, dass er es nicht mehr herbeischaffen konnte. Da sagte er sich: „Morgen früh soll sie noch einmal zu fressen haben, und dann will ich sie ersäufen!“ Am Morgen brachte er der Katze ein Töpfchen mit Fett und ein Schälchen mit Brei: „Da, das friss,“ sagte er, „und dann werd’ ich dich ersäufen.“ Die Katze verschlang das Fett und den Brei mit einem Haps! und sprang aus dem Fenster.
Im Hof fegte ein Mann. „Guten Tag, Katze“, sagte er. – „Guten Tag, Mann im Hof“, sagte die Katze. – „Nun, wie geht es dir?“ – „Schlecht“, sagte die Katze, „denn ich hatte heute noch nichts zu fressen – nur ein Töpfchen mit Fett und ein Schälchen mit Brei, und dich, Mann im Hof, fress ich auch!“ – und haps! verschlang sie den Mann mit einem Bissen.
Und lief in den Stall und traf da eine Frau. „Guten Tag, Katze“, sagte die. – „Guten Tag, Frau im Stall“, sagte die Katze. – „Nun, wie geht es dir?“ – „Schlecht“, sagte die Katze, „denn ich hatte

heute noch nichts zu fressen – nur ein Töpfchen mit Fett und ein Schälchen mit Brei, und den Mann im Hof – und dich, Frau im Stall, fress ich auch!“ – und haps! verschlang sie die Frau mit einem Bissen.
Und lief weiter und traf hinten im Stall die Kuh an der Krippe. „Guten Tag, Katze“, sagte die Kuh. – „Guten Tag, Kuh an der Krippe“, sagte die Katze. – „Nun, wie geht es dir?“ – „Schlecht“, sagte die Katze, „denn ich hatte heute noch nichts zu fressen – nur ein Töpfchen mit Fett und ein Schälchen mit Brei, den Mann im Hof und die Frau im Stall, und dich, Kuh an der Krippe fress ich auch!“ – und haps! verschlang sie die Kuh mit einem Bissen.
Und lief aus dem Stall und traf hinterm Stall das Wiesel am Stein. „Guten Tag, Katze“, sagte das Wiesel. – „Guten Tag, Wiesel am Stein“, sagte die Katze. – „Nun, wie geht es dir?“ – „Schlecht“, sagte die Katze, „denn ich hatte heute noch nichts zu fressen – nur ein Töpfchen mit Fett und ein Schälchen mit Brei, den Mann im Hof, die Frau im Stall, die Kuh an der Krippe, und dich Wiesel am Stein, fress ich auch!“ – und haps! verschlang sie das Wiesel mit einem Bissen.
Und lief durch den Garten und traf an der Hecke den hoppelnden Hasen. „Guten Tag, Katze“, sagte der Hase. „Guten Tag, hoppelnder Hase“, sagte die Katze. – „Nun, wie geht es dir?“ – „Schlecht“, sagte die Katze, „denn ich hatte heute noch nichts zu fressen – nur ein Töpfchen mit Fett und ein Schälchen mit Brei, den Mann im Hof, die Frau im Stall, die Kuh an der Krippe, das Wiesel am Stein, und dich, hoppelnder Hase, fress ich auch!“ – und haps! verschlang sie den Hasen mit einem Bissen.
Und lief aus dem Garten und traf am Feld den schlauen Fuchs. „Guten Tag, Katze“, sagte der Fuchs. „Guten Tag, Fuchs, du Schlauer“, sagte die Katze. – „Nun, wie geht es dir?“ – „Schlecht“, sagte die Katze, „denn ich hatte heute noch nichts zu fressen – nur ein Töpfchen mit Fett und ein Schälchen mit Brei, den Mann im Hof, die Frau im Stall, die Kuh an der Krippe, das Wiesel am Stein, den hoppelnden Hase, und dich, Fuchs,

du Schlauer, fress ich auch!" – und haps! verschlang so den Fuchs mit einem Bissen.
Und lief in den Wald und traf dort den wilden Wolf. „Guten Tag, Katze", sagte der Wolf. – „Guten Tag, Wolf, du Wilder," sagte die Katze. – „Nun, wie geht es dir?" – „Schlecht", sagte die Katze, „denn ich hatte heute noch nichts zu fressen – nur ein Töpfchen mit Fett und ein Schälchen mit Brei, den Mann im Hof, die Frau im Stall, die Kuh an der Krippe, das Wiesel am Stein, den hoppelnden Hase, den schlauen Fuchs, und dich, Wolf, du Wilder, fress ich auch!" – und haps! verschlang sie den Wolf mit einem Bissen.
Und lief weiter und traf mitten im Wald in einer Felsenhöhle den brummigen Bären. „Guten Tag, Katze", sagte der Bär. – „Guten Tag, brummiger Bär," sagte die Katze. – „Nun, wie geht es dir?" – „Schlecht", sagte die Katze, „denn ich hatte heute noch nichts zu fressen – nur ein Töpfchen mit Fett und ein Schälchen mit Brei, den Mann im Hof, die Frau im Stall, die Kuh an der Krippe, das Wiesel am Stein, den hoppelnden Hase, den schlauen Fuchs, den wilden Wolf, und dich, brummiger Bär, fress ich auch!" – und haps! verschlang sie den Bären mit einem Bissen.
Und lief aus dem Wald und traf auf dem Weg einen Leichenzug. „Guten Tag, Katze", sagten die Leute im Leichenzug. „Guten Tag, Leichenzug am Wege," sagte die Katze. – „Nun, wie geht es dir?" – „Schlecht", sagte die Katze, „denn ich hatte heute noch nichts zu fressen – nur ein Töpfchen mit Fett und ein Schälchen mit Brei, den Mann im Hof, die Frau im Stall, die Kuh an der Krippe, das Wiesel am Stein, den hoppelnden Hase, den schlauen Fuchs, den wilden Wolf, den brummigen Bären, und dich, Leichenzug am Wege, fress ich auch!" – und haps! verschlang sie den ganzen Leichenzug mit einem Bissen.
Und lief weiter und traf an der Kirche einen Brautzug. „Guten Tag, Katze", sagten die Leute im Brautzug. „Guten Tag, Brautzug an der Kirche," sagte die Katze. – „Nun, wie geht es dir?" – „Schlecht", sagte die Katze, „denn ich hatte heute noch nichts zu fressen – nur ein Töpfchen mit Fett und ein Schälchen mit

Brei, den Mann im Hof, die Frau im Stall, die Kuh an Krippe, das Wiesel am Stein, den hoppelnden Hase, den schlauen Fuchs, den wilden Wolf, den brummigen Bären, den Leichenzug am Wege, und dich, Brautzug an der Kirche, fress ich auch!" – und haps! verschlang sie den Brautzug mit einem Bissen.

Und lief bis zum Erde der Erde und traf dort den silbernen Mond. „Guten Tag, Katze", sagte der Mond. „Guten Tag, silberner Mond," sagte die Katze. – „Nun, wie geht es dir?" – „Schlecht", sagte die Katze, „denn ich hatte heute noch nichts zu fressen – nur ein Töpfchen mit Fett und ein Schälchen mit Brei, den Mann im Hof, die Frau im Stall, die Kuh an der Krippe, das Wiesel am Stein, den hoppelnden Hase, den schlauen Fuchs, den wilden Wolf, den brummigen Bären, den Leichenzug am Wege, den Brautzug an der Kirche, und dich, silberner Mond, fress ich auch!" – und haps! verschlang sie den Mond mit einem Bissen.

Und lief über den Himmel bis zur goldenen Sonne. „Guten Tag, Katze", sagte die Sonne. „Guten Tag, goldene Sonne," sagte die Katze. – „Nun, wie geht es dir?" – „Schlecht", sagte die Katze, „denn ich hatte heute noch nichts zu fressen – nur ein Töpfchen mit Fett und ein Schälchen mit Brei, den Mann im Hof, die Frau im Stall, die Kuh an der Krippe, das Wiesel am Stein, den hoppelnden Hase, den schlauen Fuchs, den wilden Wolf, den brummigen Bären, den Leichenzug am Wege, den Brautzug an der Kirche, den silbernen Mond, und dich, goldene Sonne, fress ich auch!" – und haps! verschlang sie die Sonne mit einem Bissen.

Und lief bis zum Ende des Himmels, da kam sie zu einer Brücke, die war so schmal wie ein Rasiermesser, und auf der Brücke stand ein pechschwarzer Bock mit blutroten Hörnern. „Guten Tag, Katze", sagte der Bock. – „Guten Tag, Bock auf der Brücke," sagte die Katze. – „Nun, wie geht es dir jetzt?" – „Schlecht", sagte die Katze, „denn ich hatte heute noch nichts zu fressen – nur ein Töpfchen mit Fett und ein Schälchen mit Brei, den Mann im Hof, die Frau im Stall, die Kuh an der Krippe, das Wiesel am Stein, den hoppelnden Hase, den schlauen Fuchs, den wilden Wolf, den brummigen Bären, den Leichenzug am Wege, den Brautzug an der Kirche, den silbernen Mond, die goldene Sonne, und dich, Bock an der Brücke, fress ich auch ..." Aber bevor sie haps! machen konnte, lachte der Bock ein teuflisches Lachen, und er stieß sie an mit seinen Hörnern, ganz sacht nur, und sie fiel von der Brücke, und fiel, und fiel, und fiel, und schlug auf die Erde und zerplatzte in tausend Stücke. Und alles, was sie in sich hineingeschlungen hatte, kam wieder heraus: die goldene Sonne und der silberne Mond, der Brautzug von der Kirche und der Leichenzug am Wege, der brummige Bär und der wilde Wolf, der schlaue Fuchs und der hoppelnde Hase, das Wiesel am Stein und die Kuh an der Krippe, die Frau im Stall und der Mann im Hof – und nichts blieb übrig von ihr als ein bisschen Fett und ein wenig Brei – und das Märchen ist vorbei!

(aus Norwegen, nach P.Chr. Asbjörnsen/Jörgen Moe, Samlede eventyr, Oslo Bd. 1, Bearbeitung: Heinrich Dickerhoff)

Dieses bei vielen auch kleineren Kindern nicht nur in Norwegen sehr beliebte Märchen ist wieder ein typisches Kettenmärchen, Kinder lernen es oft durch das ständige Wiederholen schon beim Zuhören. Dieses Wiederholen bis zum Überdruss darf nicht abgekürzt werden, zeigt es doch erzählerisch den Teufelskreis, in den die Katze geraten ist. Ihre Unersättlichkeit führt nicht zum Glück, sondern dazu, dass das Leben zum Teufel geht. Die Katze, deren Lebenshunger den angedrohten Untergang heraufbeschworen hat, frisst an gegen ihre Lebens- und Todesangst, und es geht ihr doch nur immer schlechter.

(7) Die Seele des Wals und das brennende Herz

Es war einmal ein Rabe, ein dummes und gespreiztes Tier, der flog weit weit aufs Meer hinaus, flog und flog und immer weiter, und erst als er müde wurde, sah er sich um, wo er irgendwo landen und sich ausruhen könnte. Aber da war weit und breit kein Land zu sehn, war nichts als das unendliche Meer. Bald war der Rabe so entkräftet, dass er sich nur noch eben schwebend über den Wellen halten konnte. Da plötzlich tauchte ein großer Wal vor ihm auf, und der Rabe war so verwirrt, dass er geradewegs in dessen Schlund hineinflog.

Ganz dunkel war es da um ihn herum, es rauschte und zischte und gurgelte, und der Rabe glaubte, nun müsse er sterben. Trotzdem taumelte er weiter, und da kam er in ein Haus hinein – ein schönes Haus, hell und warm. Auf der Schlafbank saß bei einer brennenden Lampe eine junge Frau. Sie stand auf und kam dem Raben freundlich entgegen: „Sei mir willkommen als Gast“, sagte sie, „nur musst du versprechen, dass du niemals meine Lampe anrühren wirst.“ Der Rabe war froh, dass er sein Leben gerettet hatte, eilig versprach er, niemals werde er die Lampe berühren. Und dann durfte er sich auf die Schlafbank setzen.

Der Rabe wunderte sich, wie fein und rein alles war in dem kleinen Haus. Das Haus war aus Walfischknochen gebaut, ganz so wie die Wohnungen der Menschen, und es war auch alles nach Menschenart eingerichtet. Aber eine seltsame Unruhe lag über der jungen Frau; nie saß sie lange still; immer wieder erhob sie sich von der Schlafbank und schlüpfte zur Tür hinaus. Das dauerte nur einen Augenblick, dann kam sie zurück; aber gleich darauf war sie wieder fort. „Was macht dich so unruhig?“, fragte der Rabe. „Das Leben“, sagte die junge Frau, „das Leben und mein Atemzug.“ Aber der Rabe verstand nicht, was das bedeuten sollte.

Als er sich aber etwas erholt und seine Angst vergessen hatte, erwachte die Neugier in ihm. „Was mag das sein,“ dachte er, „dass ich die Lampe nicht berühren darf?“ Und jedesmal, wenn

die junge Frau hinausschlüpfte, wuchs seine Lust, die Lampe etwas näher zu betrachten und sie nur einmal ein wenig zu betasten.
Zuletzt konnte er seine Neugier nicht mehr bezähmen: Kaum war die Frau zur Tür hinaus, sprang er zu der Lampe hin und berührte den Docht. Im selben Augenblick taumelte die junge Frau zur Tür hinein, schrie auf, stürzte kopfüber zu Boden und blieb da liegen, die Lampe aber erlosch.
Zu spät bereute der Rabe, was er getan hatte, denn das schöne helle Haus war verschwunden, er irrte umher in schwarzer Finsternis, irrte umher zwischen Speck und Blut; es war so heiß, seine Federn fielen ihm aus, er konnte kaum noch atmen; halberstickt taumelte er durch den Bauch des Wales.
Und nun begriff er, was geschehen war: Die junge Frau war die Seele des Wals, und jedesmal, wenn der Wal Atem schöpfte, war sie zur Tür hinausgeschlüpft an die frische Luft. Und die Lampe mit der großen ruhigen Flamme, die war das Herz des Wales. Und als der Rabe dieses Herz aus bloßer Neugier berührt hatte, da war die Seele des Wals gestorben. Dass alles Schöne und Zarte auch zerbrechlich ist und so leicht zu zerstören, das wusste der Rabe nicht, denn er war dumm und von zähem Leben.
Nun aber war alles, was vorher schön und rein gewesen war, hässlich und schmutzig geworden. Doch der Rabe war zäh, er kämpfte um sein Leben, kämpfte sich durch Blut und Finsternis, bis es ihm endlich glückte, so, wie er in den Wal hineingekommen war, auch wieder herauszuschlüpfen.
Da saß er nun, schmutzig und besudelt, ein halbnackter Rabe auf dem Rücken eines toten Wals. Fortfliegen konnte er nicht, denn seine Flügel waren verklebt mit Blut und versenkt von der Hitze. Also blieb er sitzen und lebte vom Aas, und der Wind und die Wellen warfen ihn hin und her.
Ein Sturm trieb ihn endlich auf das Land zu. Die Menschen an Land sahen den toten Wal und ruderten in ihren Booten hinaus, um das Fleisch und den Speck zu bergen. Als der Rabe sie kommen sah, verwandelte er sich auf der Stelle in einen Men-

schen, in einen kleinen, häßlichen, dunklen und struppigen Mann, der oben auf dem Wal stand. Er dachte nicht mehr daran, dass er ein Herz ausgelöscht und etwas Zartes und Schönes zerstört hatte; er sprang auf dem toten Wal herum und schrie:

„Ich, ich bin es, der den Wal getötet hat!
Ja, seht nur, ich bin's, der den Wal getötet hat!"

Und er wurde ein großer Mann unter den Menschen.
(Märchen der Inuit/Eskimo, nach Knud Rasmussen, Die Gabe des Adlers, Bearbeitung: Heinrich Dickerhoff)

Diese Erzählung ist kein Märchen, sondern ein Mythos, von einem glücklichen Ende kann keine Rede sein, vielmehr wird mit tiefer Skepsis erzählt von einer Menschwerdung, bei der alle Menschlichkeit auf der Strecke bleibt.
Der Rabe ist – wie alle Tiere in den Tiermärchen – ein Gleichnis des Menschen. Kein wirklicher Rabe (oder Seerabe, Kormoran) fliegt freiwillig zu weit aufs Meer hinaus, seine Instinkte schützen ihn davor. Nur ein Mensch ist wie der Rabe in unserer Geschichte – von Anfang an kennt der seine Grenzen nicht. Diese Grenzenlosigkeit und nicht angstgetriebene Unersättlichkeit wie bei der gefräßigen Katze oder besondere Bösartigkeit sind hier Grund des Unglücks. Der Rabe fliegt zu weit hinaus aufs Meer, und er geht zu weit im Bauch des Wals. Seine Zähigkeit und Dummheit, die nicht mangelnde Intelligenz ist, sondern Gefühllosigkeit, lassen ihn aber alle Niederlagen zu Siegen umdeuten – und „die Menschen" fallen auf ihn herein.
Die Geschichte ist innerlich weniger verwandt mit der äußerlich ähnlichen Jona-Novelle, in der der Große Fisch Jona auf Gottes Geheiß vor dem Ertrinken rettet, als mit der Sündenfallerzählung im Paradies, bei der freilich eher Angst als grenzenlose Neu-Gier zur verbotenen und zerstörerischen Grenzüberschreitung führt.

Das Gegenstück zerstörerischer Neugier kommt in den Märchen allerdings auch vor, es ist das aufmerksame Hinhören, das etwa die „Goldmarie" auf dem Weg zur Frau Holle auszeichnet.

(8) Der Wunsch des Webers

Einst lebte im Pandjab der Teppichweber Saragadatta. Er webte langsam, er webte sorgsam, er webte ein ganzes Jahr an einem Teppich. Der aber war dann so schön, dass er ihn mit Leichtigkeit für teures Geld auf dem Markt verkaufen konnte. Doch weil er drei Frauen ernähren musste – seine Mutter, seine Frau und seine Tochter –, darum reichte das Geld nie aus und er blieb ein armer Mann. Saragadatta aber ertrug sein Los geduldig, denn er hatte Freude an seiner Arbeit.
Doch eines Tages ging sein Webstuhl entzwei und er konnte nicht mehr weben. Was sollte er tun? Einen neuen Webstuhl zu kaufen? Dazu fehlte ihm das Geld. Und den alten instandsetzen konnte er auch nicht. „Was bleibt mir übrig", seufzte Saragadatta, „ich muss mir selbst einen neuen Webstuhl bauen." So machte er sich auf die Suche nach geeignetem Holz. Lange wanderte er umher und betrachtete die verschiedenen Bäume. Endlich fand er am Meeresstrand einen hohen Buchsbaum. „Das ist genau der rechte", freute er sich, und er griff zum Beil, um den Baum zu fällen. Da hörte er eine Stimme: „Halt ein, Saragadatta!" Der Weber hielt inne: „Wer bist du?" – „Ich bin der Geist des Waldes. Dieser Baum ist mein Haus. Warum willst du ihn fällen?" – „Ich brauche Holz für einen neuen Webstuhl", sagte der Weber, „könntest du dir nicht einen anderen Baum zur Wohnung nehmen?" – „Dieser Baum ist mein Haus", sprach der Geist des Waldes. „Ich lebe hier seit langer Zeit. Vom Meer her weht immer eine kühle Brise, selbst in der größten Hitze." – „Aber woher nehme ich dann hartes Holz für einen neuen Webstuhl?", fragte Saragadatta. – „Das weiß ich nicht", erwiderte der Geist des Waldes. „Aber ver-

schone meinen Baum, und ich werde dir einen Wunsch erfüllen." – „Gut", sagte Saragadatta, „doch erst muss ich mich darüber beraten, mit meiner Mutter, meiner Frau und meiner Tochter." – „Dann geh", sagte der Geist des Waldes, „aber lass dich nicht verwirren!"
Der Weber kehrte in seine Hütte zurück und erzählte, was ihm begegnet war, und dann fragte er die Frauen, was er sich wünschen solle. Als erste nahm die Mutter das Wort: „Wünsche dir, mein Junge, ein langes Leben in Gesundheit für uns alle. Ist man erst so alt wie ich, weiß man: nichts ist wünschenswerter als lange gesund zu leben."
„Ach", rief die Tochter, „zu was ist Gesundheit und ein langes Leben gut, wenn man in Armut lebt und unbeachtet. Wünsche dir, ein Maharadscha zu sein. Dann hätten wir schöne Kleider und kostbaren Schmuck und könnten den stattlichsten Jünglingen den Kopf verdrehn."
„Nein, nein," die Frau des Webers schüttelte den Kopf, „du weißt nicht, wie ein Maharadscha lebt. Gewiss hat er viele Pflichten und Sorgen. Bleib bei dem Leben, das du gewohnt bist. Aber wünsch dir, dass der Geist des Waldes uns jeden Tag so einen Teppich macht, wie du ihn in einem Jahr zustande bringst. Dann sind wir reich und können uns kaufen, was das Herz begehrt."
Langsam ging der Weber zum Meeresufer zurück. Was sollte er sich wünschen? „Höre mich, Geist des Waldes", rief er, als er unter dem Buchsbaum stand. „Höre meinen Wunsch." –„Verlange von mir, was immer du willst!" – „Bring meinen alten Webstuhl in Ordnung!" – „So soll es sein", sprach der Geist des Waldes.
Saragadatta kehrte in seine Hütte zurück. Mutter, Frau und Tochter jammerten um die Wette und schimpften, dass er ein rechter Dummkopf sei. Der Weber aber setzte sich an seinen Webstuhl und fing an zu weben. Er webte langsam, er webte sorgsam, er webte ein ganzes Jahr an einem Teppich. Und er hatte Freude an seiner Arbeit.

(Aus Nordindien, mir mündlich zugetragen als „Die habgierigen Frauen“, Bearbeitung: Heinrich Dickerhoff)

Man kann dieses Märchen natürlich missverstehen im Sinne der „spießigen“ Lebensmaxime: Schuster, bleib bei deinen Leisten! Die Märchen wissen aber durchaus um die Notwendigkeit, sich zu verwandeln, neue Wege einzuschlagen. Hier geht es jedoch um das rechte Wünschen, um das Wissen und die Einsicht, was zum Glück führt, was meine Lebensaufgabe ist, welchen Lebensfaden ich spinnen, welches Lebensmuster ich weben will.

(9) Der verhexte Ring

Es war einmal eine schöne große Wiese, und mitten darauf lag ein schöner großer Kuhfladen. Da gingen drei Feen vorüber, und wie sie den Kuhfladen sah, sprach die erste: „Ich will diesen Kuhfladen taufen, dann wird er sich verwandeln in ein schönes junges Mädchen!“ Die Zweite sprach: „Ich schenke ihr königliche Kleider und eine goldene Krone und einen schönen Ring!“ – „Aber ich“, sagte die dritte, „ich werde den Ring verhexen, so dass, wer ihn am Finger trägt, wenn er den Mund aufmacht, nichts anderes sagen kann als: Merda! Merda! Merda!“ Und wie sie wünschten, so wurde es: Der Kuhfladen verwandelte sich in ein schönes junges Mädchen, das war gekleidet wie eine Königin und trug auf dem Kopf eine goldene Krone und am Finger den verhexten Ring. Dann verschwanden die drei Feen, und das Mädchen blieb allein auf der Wiese zurück. Da kam der junge König und sah das Mädchen und sie gefiel ihm sehr und er ging zu ihr auf die Wiese. „Wie schön du bist!“, sagte er, „wie schön sind deine Augen, deine Lippen,

deine Haare." Sie aber sagte dazu nichts als: „Merda! Merda! Merda!"
Doch der König ließ sich davon nicht beirren. „Steig in meinen Wagen", bat er, „und fahre mit mir auf mein Schloss." – „Merda!", sagte die Schöne, aber sie stieg ein.
Und sie war so lieblich und er war so verliebt, dass, im Schloss angekommen, er gleich zu seiner Mutter sagte: „Ich nehme keine andere zur Frau als nur die schöne Fremde von der Wiese!" – „Nein," sagte die Mutter, „das kannst du nicht tun, die hat doch keine Erziehung und weiß nicht, wie man sich benimmt." – „Was sie nicht weiß, kann sie ja noch lernen", sagte der König, „und wenn nicht, ich heirate sie doch. Und schon am Sonntag soll die Hochzeit sein!"
Ja, und dann war es Sonntag geworden, und alle gingen zu der Hochzeitsmesse. Die Leute in der Kirche bewunderten die schöne Braut, und all die feinen Herren machten ihr Komplimente. Doch sie sagte immer nur: „Merda! Merda! Merda!"
Dann fing die Messe an, und gleich ging der Küster herum mit dem Klingelbeutel, und alle warfen ein paar Münzen ein. Wie er aber zu dem Mädchen kam, da hatte sie kein Geld, und weil sie sonst nichts zu geben hatte, zog sie den Ring von ihrem Finger und warf ihn in den Klingelbeutel.
Das sah der Pfarrer, der gerade auf die Kanzel stieg. Er winkte den Küster zu sich, ließ sich den Klingelbeutel geben und nahm den Ring heraus. „So ein schöner Ring ist doch zu schade für den Klingelbeutel," dachte er, „der hat etwas besseres verdient, den behältst du für dich." Und er steckte sich den Ring an seinen Finger, seufzte tief und wandte sich an die Gemeinde. „Meine geliebten Brüder," wollte er sagen, doch als er den Mund aufmachte, kam nichts heraus als „Merda! Merda! Merda!"
Was war da für ein Aufruhr in der Kirche. Alle schrien: „Er ist ja verrückt geworden!" Und so sehr der Pfarrer seine Schäflein auch zur Ordnung rufen wollte, er brachte nichts heraus als: „Merda! Merda! Merda!" Da lachten die Leute und gingen nach Hause, und auch der König kehrte heim mit seiner jungen Braut. Und da konnte sie reden, so wie alle, und ihre Stimme war so

lieblich wie ihr Gesicht. Und zur Freude ihrer Schwiegermutter rief sie nie wieder: „Merda! Merda! Merda!“ – oder doch nur noch sehr selten.

(aus Venedig, nach: Die Märchen der Weltliteratur [Diederichs], Italienische Märchen, Bearbeitung: Heinrich Dickerhoff)

Trotz der auf den ersten Blick kirchenkritischen Pointe ist dieses Märchen tief christlich. Die seltsame Verwandlung am Anfang durch die Taufe malt aus, was das Sakrament beschwört: Du bist nicht der letzte Dreck, du bist ein Königskind. Dann werden drei Schritte der Verwandlung und Erlösung beschrieben, die eine geradezu „trinitarische Logik" haben: Am Anfang rufen jenseitige Mächte über dem Stück Materie, dem Ergebnis des ständigen Stoffwechsels der Evolution, eine neue königliche Bestimmung aus. Aber – so der Fluch der dritten Fee – diese aufgegebene Bestimmung ist noch nicht verinnerlicht, noch immer kommt nur „Merda" heraus. Dass der Königssohn dieses unvollkommene Leben in Liebe annimmt, ist die zweite Voraussetzung der Wandlung. Der dritte und letzte Schritt zur Erlösung kommt dann allerdings von innen: Ohne zu wissen, was sie tut, gibt das Mädchen, was sie zu geben hat – und so spricht dann Menschlichkeit auch aus ihr. Der Pfarrer, Verkörperung aller Autorität, spricht hingegen nur „Merda", ganz gleich, was er sagt, weil und wenn es ihm nur darum geht, was er sich herausnehmen kann.

(10) Die drei Raben

Es war einmal eine Mutter, die hatte drei Söhnlein, die spielten eines Sonntags unter der Kirche Karten. Und als die Predigt vorbei war, kam die Mutter nach Haus gegangen und sah, was sie getan hatten. Da fluchte sie ihren gottlosen Kindern, und alsobald wurden sie drei kohlschwarze Raben und flogen auf und davon. Die drei Brüder hatten aber ein Schwesterlein, das sie von Herzen liebte, und es grämte sich so über ihre Verbannung, daß es keine Ruh' mehr hatte und sich endlich aufmachte, sie zu suchen. Nichts nahm es mit sich auf die lange, lange Reise als ein Stühlchen, worauf es sich ruhte, wenn es zu müd' geworden war, und nichts aß es die ganze Zeit als wilde Äpfel und Birnen. Es konnte aber die drei Raben immer nicht finden, außer einmal waren sie über seinen Kopf weggeflogen, da hatte einer einen Ring fallen lassen. Wie es den aufhob, erkannte ihn das Schwesterchen als den Ring, den es einmal dem jüngsten Bruder geschenkt hatte.

Es ging aber immer so fort, so weit, so weit bis es an der Welt Ende kam, und es ging zur Sonne, die war aber gar zu heiß und fraß kleine Kinder. Darauf kam es zu dem Mond, der war aber gar zu kalt und auch bös, und wie er's merkte, sprach er: „Ich rieche, rieche Menschenfleisch." Da machte es sich geschwind fort und kam zu den Sternen. Die waren ihm gut und saßen alle jeder auf Stühlerchen, und der Morgenstern stand auf und gab ihm ein Hinkelbeinchen. „Wenn du das Beinchen nicht hast, kannst du nicht in den Glasberg kommen, und in dem Glasberg, da sind deine Brüder!"

Da nahm es das Hinkelbeinchen, wickelte es wohl in ein Tüchelchen und ging so lange fort, bis es an den Glasberg kam. Das Tor war aber verschlossen. Und wie es das Beinchen hervorholen wollte, da hatte es das Beinchen unterwegs verloren. Da wußte es sich gar nicht zu helfen, weil es gar keinen Schlüssel fand, nahm ein Messer und schnitt sich das kleine Fingerchen ab, steckte es in das Tor und schloß glücklich auf. Da kam ihm ein Zwerglein entgegen und sagte: „Mein Kind, was suchst du hier?" – „Ich suche meine Brüder, die drei Raben." – „Die Herren Raben sind nicht zu Hause", sprach das Zwerglein, „willst du aber hierinnen warten, so tritt ein."

Und das Zwerglein brachte drei Tellerchen getragen und drei Becherchen, und von jedem Tellerchen aß Schwesterchen ein bißchen, und aus jedem Becherchen trank es ein Schlückchen, und in das letzte Becherchen ließ es das Ringlein fallen.

Auf einmal hörte es in der Luft ein Geschwirr und ein Geweh, da sagte das Zwerglein: „Die Herren Raben kommen heimgeflogen." Und die Raben fingen jeder an und sprachen: „Wer hat von meinem Tellerchen gegessen? Wer hat aus meinem Becherchen getrunken?" Wie der dritte Rabe aber seinem Becherchen auf den Grund kam, da fand er den Ring und sah wohl, daß Schwesterchen angekommen war. Da erkannten sie es am Ring, und von da an waren sie alle wieder erlöst und gingen fröhlich heim.

(Grimm, Urfassung der Kinder- und Hausmärchen 1812)

Diese ältere Fassung der „Sieben Raben" erzählt von Gnade, von der Erlösung durch Liebe, die nachgeht. Die Mutter freilich verflucht, aus der Kirche kommend, ihre leichtfertigen Kinder – gewiss auch eine Erfahrung von Religion als „Gesetz", auch von „Mutter Kirche". Doch das Schwesterchen geht den verlorenen Brüdern nach bis in ihre Hölle. Ist das Stühlchen, das sie – seltsam genug – mitnimmt auf die Wanderung, Sinnbild für den eigenen Platz, den man kennen muss? Ein Stück Heimat? Die Großen Leuchten auf ihrem Weg – der an Büchners Armes Kind erinnert – sind nicht Hilfe, nur Gefahr, aber die Sterne weisen den Weg. Der Morgenstern (Venus, der Stern der Liebe, auch ein häufiges Christus-Symbol: „Wie schön leucht uns der Morgenstern...") gibt ihr ein Hinkelbein, einen Hühnerknochen, wohl das Brustbein. Vor dem Glasberg aber ist das Beinchen verloren, nur der eigene Finger öffnet das Tor. Ohne ein uns mitgegebenes „Hinkelbein" würden wir viele Lebenswege wohl gar nicht erst zu gehen wagen, aber im Ernstfall kostet es dann immer das Eigene. Im Glasberg gibt es wieder eine Kommunion, das Mädchen löffelt die Suppe der Brüder aus, trinkt ihren Kelch. Kaum erkennen die Raben am Ring, dass ihre Schwester ihnen nachgegangen ist, da sind sie erlöst aus ihrer Einsamkeit – wie bei der Höllenfahrt Christi.

(11) Meister Eckart, aus Predigt 22

Es war einmal ein reicher Mann und eine reiche Frau. Da hatte die Frau einen Unfall, so dass sie ein Auge verlor, darüber war sie sehr betrübt. Da kam der Herr zu ihr und sprach: Frau, was seid ihr so betrübt. Ihr sollt nicht betrübt sein, dass Ihr Euer Auge verloren habt. Da sagte sie: Herr, ich bin nicht darum betrübt, weil ich mein Auge verloren habe; betrübt bin ich, weil ich mir denke, dass Ihr mich deshalb weniger lieben könntet. Da sprach er: Frau, ich liebe Euch!

Nicht lange danach stach er sich selbst ein Auge aus und kam zu der Frau und sagte: Frau, dass Ihr mir jetzt glaubt, dass ich Euch liebe, so habe ich mich Euch gleich gemacht. Ich habe auch nur noch ein Auge.

– So ist das mit dem Menschen, der konnte kaum glauben, dass Gott ihn so sehr liebt, bis Gott sich ihm gleich gemacht und sich ein Auge ausgestochen hat. Das heißt Fleisch geworden.

In diesem Märlein aus einer Weihnachts- und Marienpredigt hat der große Theologe und Mystiker Meister Eckart (um 1300) – durchaus gegen den Grundton seiner Zeit – verdichtet, was Menschwerdung und Erlösung bedeutet: nicht dass wir Menschen zu göttlicher Vollkommenheit aufsteigen könnten oder müssten, kann Grund unserer Hoffnung sein, sondern nur die Liebe, die sich klein und verletzbar macht, die Finger, Auge, Leben oder Transzendenz opfert, um dem Geliebten nahezukommen.

Neulich las ich in der Zeitung von einem modernen märchenhaften Gegenstück dieser Geschichte: Ein zwölfjähriger Junge war an Leukämie erkrankt und musste sich einer Chemotherapie unterziehen, dabei verlor er alle Haare. Sein Vater, seine Mutter und seine Schwester ließen sich auch die Haare abschneiden! Verrückt? Torheit und Ärgernis? Oder Liebeserklärung?

10 Märchen vom eigenen Weg

Eines der großen Themen der Märchen wie des Lebens ist die Suche nach dem eigenen Weg, und auch das Christentum ist im Grunde eine Weggeschichte und will immer neue Weggeschichten in Gang setzen. Hier habe ich nun mir besonders liebe Weg-Märchen zusammengestellt, Märchen, die ermutigen, den eigenen Weg zu gehen.

(12) *Der siebte Vater im Haus*, ein Kettenmärchen aus Norwegen, eröffnet die Reihe; dann folgt ein jüdisches Weisheitsmärchen aus Afghanistan, (13) *Morgen ist Morgen.* Auch das beliebteste norwegische Kindermärchen (14) *Die drei Böcke Brausewind* ist eine Variation zu dem gleichen Thema: Geh mutig deinen Weg! Auf einem Bock reitet auch die selbständige und doch gar nicht selbstsüchtige oder selbstverliebte (15) *Zottelhaube – Lurvehette*, wohl eins der schönsten Zaubermärchen Skandinaviens. Mut wollen Märchen machen, aber sie warnen auch vor Übermut, etwa im russischen (16) *Der Kloß*, einer Variante des in ganz Europa verbreiteten Märchens vom dicken fetten Pfannkuchen. Der Kloß ist dumm, doch die angeblichen Dummlinge sind es nicht. Mit schlichtem Herzen, ohne Berechnung, gehen sie ihren Weg wie in dem litauischen Dummlingsmärchen (17) *Die Prinzessin, die in einen Wurm verwandelt worden war.* Aus Island kommt (18) *Der Königssohn Ring und sein Hund Snati-Snati;* in dem längsten Märchen dieses Buches geht es um den langen Weg eines nicht allzu klugen und nicht allzu tapferen Königssohnes zu Glück und Weisheit und Mut. Einen Wandlungsweg schildert – mit ganz anderen Bildern – auch das Indio-Märchen von der (19) *Beutelratte, die sich fledermauste.* Wie sich ein Küchenjunge, ein Aschenputtel, eigentlich gar nicht wandelt, sondern sich treu bleibt und sich so als wahrhaft königlicher Mensch entpuppt, erzählt das mährisch-slowakische Märchen (20) *Die Reise zur Sonne.* Wandlung und Bewahrung des eigenen königlichen Wesens klingen zusammen in dem uralten, wohl um das Jahr

200 n.C. niedergeschriebenen frühchristlich-gnostischen Mythenmärchen (21) *Das Perlenlied*, das märchenhaft Motive kombiniert, die wir aus den Evangelien kennen (der verlorene Sohn/die kostbare Perle), aber auch immer wieder in späteren Volksmärchen treffen.

(12) Der siebente Vater im Haus

Es war einmal ein Wanderer, der war schon lange unterwegs. Da kam er zu einem schönen großen Gutshof, so herrschaftlich, es hätte auch ein kleines Schloss sein können. „Hier lässt sich wohl gut Rast machen," dachte er, als er durchs Tor in den umzäunten Hof trat. Eben da stand ein graubärtiger Alter und hackte Holz. „Guten Abend, Vater", sagte der Wanderer, „kann ich heut Nacht in Eurem Hause bleiben?" – „Ich bin nicht der Hausvater hier", sagte der Graubart, „geh in die Küche und sprich mit meinem Vater."
Da ging der Wanderer in die Küche, und da traf er einen noch älteren Mann, der lag auf den Knien vor dem Herd und blies das Feuer an. – „Guten Abend, Vater", sagte der Wanderer, „kann ich heut Nacht in Eurem Hause bleiben?" – „Ich bin nicht der Hausvater hier", sagte der Greis, „geh in die Stube und sprich mit meinem Vater; der sitzt da drinnen am Tisch."
Da ging der Mann in die Stube und sprach mit dem, der am Tisch saß. Der war noch viel älter als die beiden andern, er saß da und war ganz zittrig und tattrig und seine Zähne klapperten, und er las in einem großen Buch, fast wie ein kleines Kind. – „Guten Abend, Vater, kann ich heut Nacht in Eurem Hause bleiben?" – „Ich bin nicht der Hausvater hier", sagte der zittrige tattrige Alte mit den klappernden Zähnen, „sprich mit meinem Vater, der sitzt da vorn auf der Bank."
Da ging der Wanderer zu dem Steinalten auf der Ofenbank; der wollte sich grad eine Pfeife stopfen; er war aber so verhutzelt und seine Hände zitterten so, dass er die Pfeife kaum hal-

ten konnte. – „Guten Abend, Vater, kann ich heut Nacht in Eurem Hause bleiben?“ – „Ich bin nicht der Hausvater hier“, brummte der Hutzelgreis, „sprich mit meinem Vater, der liegt da drüben im Bett.“

Da ging der Wanderer also zu dem Bett; darin lag einer, der war älter als alt und so eingetrocknet, er war kaum größer als ein Kind. Nichts an ihm schien lebendig als nur seine großen starren Augen. – „Guten Abend, Vater, kann ich heut Nacht in Eurem Hause bleiben?“ – „Ich bin nicht der Hausvater hier“, hauchte der Alte mit den starren Augen, „sprich mit meinem Vater, der liegt da hinten in der Wiege.“

Da ging der Mann zu der Wiege, und darin lag einer, uralt war der und so eingeschrumpft, er war nicht größer als ein Säugling. Und dass er noch am Leben war, konnte man nur an seinen Lippen sehen, die unablässig murmelten. – „Guten Abend, Vater. Kann ich heut Nacht in Eurem Hause bleiben?“ – Es dauerte lange, bis der Uralte Antwort gab, noch länger, bis er sie über die Lippen brachte: „Ich bin nicht der Hausvater hier. Sprich mit meinem Vater, der hängt in dem Horn an der Wand.“

Da suchte der Wanderer die Wände ab, bis er zuletzt das Horn entdeckte. Und wie er da hineinschaute, war nichts darin zu sehen als eine Handvoll Asche, die sah aus wie das Gesicht eines ururalten Menschen. Dem Wanderer war ganz schlecht vor Angst und er stammelte: „Guten Abend, Vater, kann ich heut Nacht in Eurem Hause bleiben?“ Da zirpte es oben im Horn, als wär’ eine kleine Meise drin, es war kaum zu verstehen, aber es klang wie: „Ja, mein Kind!“

Und im gleichen Augenblick kam ein Tisch in die Stube gefahren, der war mit den besten Speisen gedeckt und mit Met und Bier und Branntwein. Und als der Wanderer geschmaust und getrunken hatte, kam ein Bett hereingerollt, ein gutes Bett mit Rentierfellen. Ja, und da war der Wanderer wirklich froh, dass er am Ende doch noch den rechten Hausvater gefunden hatte.

Es wird aber auch noch erzählt: Bevor der Wanderer sich schlafen legte, habe ihn der Ururalte in dem Horn gefragt, wo er

denn her sei. „Aus Selgjord", sagte der Mann. „Lass sehen", zirpte es da in dem Horn, „ob die Männer von dort noch so stark sind wie in den alten Zeiten. Gib mir deine Hand." Da gab der zittrige tattrige Alte, der am Tisch saß, der mit den klappernden Zähnen, dem Wanderer ein Zeichen, er solle dem Ururalten im Horn nicht die Hand geben, sondern eine von den Eisenstangen, die an der Wand lehnten. Das tat der auch, und der Ururalte presste die Eisenstange so fest, dass Wasser heraustropfte.
„Du hast ja noch Mark in den Fingern", zirpte es, „aber wenn ich dran denke, wie stark deine Landsleute in den alten Zeiten waren, so ist's doch nur Schafsmilch."
Am andern Morgen zog der Wanderer weiter. Und als er sich nach ein paar Schritten noch einmal umdrehte und zurücksah, waren Haus und Hof verschwunden.
(aus Norwegen, nach Asbjörnsen/Moe, Samlede Evantyr, Bd. 1. und: Die Kormorane von Utröst. Norwegische Märchen, Bearbeitung: Heinrich Dickerhoff)

Kettenmärchen wiederholen ein gleichbleibendes Motiv meist dreimal, hier sogar siebenmal. Viele Weggeschichten sind solche Kettenmärchen, denn der Weg der Märchenhelden ähnelt eher einer Spirale als einer Gerade. Kettenmärchen sind keine angenehme Lektüre, ihr Reiz und ihre Spannung werden nur „über die Ohren" erlebbar. Doch ist es nicht einfach, ein Kettenmärchen gut vorzutragen; gerade wenn der Inhalt sich wenig ändert, muss die Stimme Spannung und Veränderung verdeutlichen. In unserer Geschichte müssen die Väter immer hinfälliger klingen, und die Stimme des Wanderers immer ängstlicher.
Inhaltlich geht es um eine in Märchen häufig ausgesprochene Wahrheit: „Geh den Dingen auf den Grund! Geh deinen Weg zu Ende! Lauf nicht weg, wenn es dir unheimlich wird. Du kannst vor nichts, was wirklich wichtig ist, weglaufen!" Der Wanderer geht weiter, bis er das „Ja, mein Kind" hören kann.

Die Väter werden aber nicht nur immer älter und äußerlich hinfälliger, sondern auch, das zeigt sich am Schluss, immer stärker. Wer sind diese Väter? Wohl nicht ältere Menschen, denn unsere Macht wächst nicht mit dem Alter. Mich erinnern die Väter an die Vergangenheit, die kollektive der Menschheit, die kulturelle einer Gesellschaft, vor allem an meine ganz persönliche Vergangenheit. Meine ältesten Zeiten habe ich nicht mehr im Blick, aber sie prägen mich stärker als alles, was danach kam. Und ich muss meiner eigenen Vergangenheit auf den Grund gehen, muss in meiner Geschichte zu Hause sein, unterkommen können. Dann freilich kann ich weiter gehen.

Als mein Sohn Jonathan im Alter von sieben Jahren dieses Märchen hörte, fragte er mich: „Warum sind Haus und Hof am Morgen verschwunden?" – „Ich weiß nicht", sagte ich, „vielleicht hat der Wanderer das alles nur geträumt." – „Nein, Papa," sagte Jonathan, „dass hast du nicht verstanden. Der hat die erlöst!"

Das Märchen sagt nichts davon, aber mir scheint, Jonathan hatte recht.

(13) Morgen ist Morgen

Es war einmal ein guter und gerechter König, der ging oft in Verkleidung und unerkannt durch die Straßen seiner Hauptstadt, um zu erfahren, was die Leute wirklich dachten. So war er einmal bis vor die Tore der Stadt gekommen, und es war schon dunkel geworden, da sah er noch Licht in einer armen Hütte. Er schaute durchs Fenster und erblickte einen Juden, der sprach gerade den Segen über sein kärgliches Abendbrot. Der König klopfte an die Tür: „Ist es gestattet, einzutreten?" – „Nur herein", sagte der Jude, „setz dich zu mir, was für einen reicht, reicht auch für zwei." Als sie so beieinander saßen und miteinander aßen, fragte der unerkannte König: „Wovon lebst du?" – „Ich bin Flickschuster", sagte der Jude, „jeden Morgen gehe ich mit meinem Werkzeugkasten durch die Stadt, und die

Leute bringen mir ihre Schuhe auf die Straße." – Und was ist, wenn du morgen keine Arbeit findest?", fragte der König. – „Morgen?", sagte der Flickschuster. „Morgen ist morgen. Gott sei gesegnet Tag um Tag."
Doch als der Schuster am nächsten Tag in die Stadt kam, da standen an allen Ecken und auf den Plätzen Soldaten, die riefen: „Befehl des Königs! Befehl des Königs! In dieser Woche ist es verboten, Schuhe zu flicken auf den Straßen der Stadt!"
„Seltsam", dachte der Schuster, „seit wann machen Könige sich Gedanken über Flickschuster? Aber gut, dann werde ich Wasser in die Häuser tragen. Wasser brauchen die Leute jeden Tag."
Das tat er, und am Abend hatte er so viel verdient, dass es zu einer Mahlzeit reichte. Sogar zu einer Mahlzeit für zwei, denn wieder kam – unerkannt – der König zu ihm. „Ich habe mir Sorgen um dich gemacht", sagte er, „wie hast du denn heute dein Brot verdient trotz des königlichen Verbotes?" Der Schuster erzählte es ihm. „Und was ist, wenn du morgen keine Arbeit findest?" – „Morgen?", sagte der Schuster. „Morgen ist morgen. Gott sei gesegnet Tag um Tag."
Doch am nächsten Morgen hörte er schon vor dem Stadttor die Soldaten rufen: „Befehl des Königs! Befehl des Königs! In dieser Woche ist es verboten, Wasser zu tragen durch die Straßen der Stadt ohne königliche Sondererlaubnis!"
„Seltsam," dachte der Schuster, „was doch die Könige für Einfälle haben. Nun gut, dann werde ich Brennholz hacken und in die Häuser bringen." Und er holte seine Axt und hatte am Abend genug verdient für eine Mahlzeit für sich und seinen unbekannten Gast, der ihn beim Essen wieder fragte: „Und was ist, wenn du morgen keine Arbeit findest?" – „Morgen?", sagte der Schuster. „Morgen ist morgen. Gott sei gesegnet Tag um Tag."
Doch als der Schuster am nächsten Morgen ins Stadttor trat, rief ihn der Hauptmann der Wache an: „Du da mit der Axt. Befehl des Königs: Jeder, der heute mit einer Waffe die Stadt betritt, wird eingezogen, um im Palast des Königs Wache zu stehen. Bring deine Axt heim. Der König leiht dir dieses

Schwert." Und mit dem Schwert musste der Schuster den ganzen Tag Wache stehn und verdiente nicht einen Dinar.
Abends ging er auf dem Heimweg zum Krämer und sagte: „Freund, ich habe heute nicht einen Dinar verdient, und ich rechne mit einem Gast. Gib mir, was ich zum Abendbrot brauche, und nimm dafür das hier" – und er zog das königliche Schwert aus der Scheide – „als Pfand." Zuhause ging er gleich in seine kleine Werkstatt, schnitt sich ein Schwert aus Holz zurecht und steckte das in die Scheide.
Als der König kam und den gedeckten Tisch sah, wunderte er sich sehr. Da zeigte der Schuster ihm schmunzelnd das hölzerne Schwert. „Aber was ist, wenn sich der Hauptmann morgen das Schwert zeigen lässt?" – „Morgen?", sagte der Schuster. „Morgen ist morgen. Gott sei gesegnet Tag um Tag."
Als der Schuster aber am andern Morgen zum Palast kam, wartete der Hauptmann schon auf ihn, und er zog einen Mann in Ketten hinter sich her: „Her, du da. Komm her! Der hier ist ein Mörder. Du sollst ihm auf der Stelle den Kopf abschlagen!" Der Schuster erschrak. „Das kann ich nicht und will ich nicht!" rief er , „das kannst du nicht von mir verlangen!" – „Oh doch, das kann ich" sagte der Hauptmann, „es ist ein Befehl des Königs."
Angelockt durch den Streit strömten viele Neugierige zusammen. Der Schuster sah in die Augen des Verurteilten. Es waren gute Augen. Das war kein Mörder! Dann schaute er auf zum Himmel und rief mit lauter Stimme:
„Gott des Himmels und der Erde, Du Herr über Leben und Tod! Wenn dieser Mann ein Mörder ist, so soll ihm mein Schwert den Kopf abschlagen. Doch wenn er unschuldig ist, dann verwandle Du den scharfen Stahl meiner Klinge in Holz!"
Und er zog das Schwert aus der Scheide, reckte es zum Himmel – und alle sahen: Es war zu Holz geworden.
Da brach ein unbeschreiblicher Jubel aus, die Menge lobte Gott, und im gleichen Augenblick kam der König herab aus dem Palast in den Hof, ging auf den Schuster zu, gab sich ihm zu

erkennen, umarmte ihn und sprach: „Von heute an sollst du mein erster Ratgeber sein!"
(Jüdisches Märchen aus Afghanistan, nach Dov Noy, Folktales of Israel, Chicago 1969, Bearbeitung: Heinrich Dickerhoff)

Dieses Märchen, ein Weisheitsmärchen, eher Gleichnis als Wundergeschichte, erklärt sich von selbst. Verdichtet wird hier eine Verbindung von Gottvertrauen und Geistesgegenwart, von gar nicht blind-naivem Urvertrauen in den bleibenden tragenden Grund des Lebens und schlagfertiger Offenheit für das sich immer wandelnde Abenteuer Leben.

(14) Die drei Böcke Brausewind, die zur Alm gehen und sich fett machen wollten

Es waren einmal drei Böcke, die wollten zur Alm gehen und sich fett machen, und alle drei hießen sie Brausewind. Auf dem Weg zur Alm mussten sie über einen Fluss, da war auch eine Brücke, aber unter der Brücke wohnte ein großer abscheulicher Troll, der hatte Augen, so groß wie Suppenteller, und Ohren, so groß wie Fensterläden, und eine Nase, so lang wie ein Hackenstiel, und einen Mund, so breit wie eine Scheunentür, und Zähne, so lang und so scharf wie Fleischermesser.
Da kam der jüngste und kleinste Bock Brausewind zu der Brücke. „Tripp tripp! Tripp tripp! Tripp tripp", macht's auf der Brücke. „Wer trippelt da über meine Brücke?", brüllte der große abscheuliche Troll. „Das bin nur ich, das kleinste Bock Brausewind," sagte das Böckchen mit ganz feiner Stimme, „ich wollte zur Alm gehn und mich fettmachen". – „Aber jetzt komme ich und hole dich!", brüllte der große abscheuliche Troll und sprang auf die Brücke. – „Ach, tu das nicht", sagte das Böckchen, „ich

bin ja noch so klein, warte noch ein bisschen, gleich kommt noch einer, der ist größer als ich.“ – „Jawoll!“, sagte der Troll, und dann trollte er sich wieder unter die Brücke.
Nicht lange, da kam der zweite Bock Brausewind. „Trapp trapp! Trapp trapp! Trap trapp!“ macht's da auf der Brücke. „Wer trappelt da über meine Brücke?“ brüllte der große abscheuliche Troll. „Das bin ich, der zweite Bock Brausewind“, sagte der, und seine Stimme war schon nicht mehr so fein, „ich will zur Alm gehn und mich fettmachen.“ – „Aber jetzt komme ich und hol dich!“, brüllte der große abscheuliche Troll und sprang auf die Brücke. „Ach nein, tu das nicht,“ sagte der Bock, „warte noch ein bißchen, dann kommt einer, der ist noch größer als ich.“ – „Jawoll!“ sagte der Troll, und dann trollte er sich wieder unter die Brücke.
Und dann kam der große Bock Brausewind. „Taram taram! Taram taram! Taram taram!“ macht's auf der Brücke, dass sie fast zusammenkracht. „Wer trampelt da über meine Brücke?“ brummte der große abscheuliche Troll.
„Das bin ich, der große Bock Brausewind!“ sagte der mit ziemlich grober Stimme, „ich geh zur Alm und mach mich fett!“ – „Aber jetzt komme ich und hole dich!“ sagte der große abscheuliche Troll und kletterte auf die Brücke.
„Dann komm nur“, sagte der große Bock, und er senkte seinen Kopf, und seine Hörnerspitzen blitzen, und seine eisenharten Hufe trommeln auf die Brücke, und er ruft:

„Siehst du meine Hörnerspitzen,
die werden dir den Bauch aufschlitzen?
Hörst du meine Hufe krachen,
die Mus aus deinen Knochen machen?“

Und damit fuhr er auf den Troll los, nahm ihn auf die Hörner, trampelte auf ihm herum, und als er ihn windelweich geklopft hatte, warf er ihn ins Wasser. Und dann gingen sie alle drei über die Brücke zur Alm: „Trip trip! Trap trap! Taram taram!“ Und da haben sie sich so fett gemacht, dass sie gar nicht wie-

der nach Hause wollten. Und als sie am Ende des Sommers doch wieder nach heimgingen und über die Brücke kamen, war der große abscheuliche Troll mucksmäuschenstill.
(aus Norwegen, nach Asbjörnsen/Moe, Samlede Eventyr, Bd. 1, Bearbeitung: Heinrich Dickerhoff, Marlies Arnold)

Wieder, wie schon die Märchen (1) und (6), ein typisches Kindermärchen. Auch hier liegt der Reiz der Geschichte im Vortrag: Die Böcke werden immer größer und selbstbewusster, der Troll, der zunächst wirklich brüllen muss, ist am Ende ganz kleinlaut. Auf denkbar schlichte Art wird hier den Kleinen Mut gemacht, sich nicht von Lautstärke und hohler Gewalt einschüchtern zu lassen. Das zuhörende Kind wächst mit den Böcken dem Troll über den Kopf. Auf keinen Fall sollte das Märchen pädagogisch-moralisch „aufgerüstet" werden durch eine Bekehrung oder Resozialisierung des Trolls und ein gemeinsames Grasen von Troll und Böcken auf der Alm. Trolle sind – wie alle Märchenfiguren – nicht konkrete Menschen, sondern stehen für Haltungen und Möglichkeiten, und manche Lebenshaltung ist nur falsch und muss überwunden werden – auf den Lebensbrücken vor mir wie auch in mir selbst.

(15) Lurvehette – Zottelhaube

Es waren einmal ein König und eine Königin, die bekamen keine Kinder, darüber war die Königin so betrübt, dass sie kaum eine frohe Stunde hatte. Beständig klagte sie, es sei so einsam und so still im Schloss: „Wenn wir nur Kinder hätten, so gäb' es hier Leben genug." Wohin sie auch reiste in ihrem Reich, überall fand sie Kindersegen, auch in der armseligsten Hütte; überall hörte sie, wie die Mütter mit ihren Kindern schimpften – das fand die Königin so vergnüglich und wollte es auch so haben. Zu guter Letzt nahmen der König und die Königin ein fremdes kleines Mädchen zu sich; das wollten sie aufziehn und mit ihm zanken wie mit einem eigenen Kind.

Einmal sprang das kleine Fräulein, das sie angenommen hatten, unten im Hof vor dem Schloss herum und spielte mit einem goldenen Apfel. Da kam eine arme Frau des Wegs, die hatte auch ein kleines Mädchen bei sich, und es dauerte nicht lange, da waren dies Mädchen und das kleine Fräulein gute Freunde, spielten zusammen und warfen sich den goldenen Apfel zu.

Das sah die Königin, die oben im Schloss am Fenster saß; sie klopfte an die Scheibe und rief ihre Pflegetochter zu sich herauf. Die gehorchte auch gleich und kam, aber das Bettelmädchen kam mit, und als sie vor die Königin traten, hielten sie einander bei der Hand. Die Königin schalt das kleine Fräulein: „Das schickt sich nicht für dich, mit so einem lumpigen Bettelkind zu spielen!“, und sie wollte das Mädchen davonjagen.

„Wenn die Frau Königin wüsste, was meine Mutter kann, so würde sie mich wohl nicht verjagen“, sagte das Bettelmädchen da, und als die Königin fragte, was das denn sei, erzählte sie, dass ihre Mutter der Königin eigene Kinder verschaffen könnte. Die wollte das erst nicht glauben, aber das Mädchen blieb dabei, und da musste sie auf Geheiß der Königin ihre Mutter holen.

„Weißt du, was deine Tochter sagt?“, fragte sie die Frau. Nein, die Bettlerin wusste es nicht. „Sie sagt, du kannst mir Kinder verschaffen, wenn du nur willst.“ – „Das schickt sich nicht für eine Königin, auf das zu hören, was einem Bettelkind in den Sinn kommt“, sagte die Frau und ging hinaus.

Da wurde die Königin zornig und wollte auch das Bettelkind hinausjagen, aber die blieb noch immer dabei: Jedes Wort sei wahr: „Die Königin sollte meiner Mutter nur tüchtig Wein einschenken,“ sagte sie, „dann wird sie lustig und taut auf und weiß Rat genug.“ Ja, das wollte die Königin dann auch noch probieren, die Bettlerin wurde wieder heraufgeholt und mit Met und Wein bewirtet, soviel sie nur haben wollte. Und es dauerte auch nicht lange, bis ihr die Zunge gelöst war, und dann fragte die Königin zum zweiten Mal, wie das denn mit den Kindern sei.

Nun, einen Rat wüsste sie wohl, sagte die Bettelfrau: „Die Frau Königin sollte am Abend, wenn sie zu Bett geht, zwei Schüsseln mit Wasser hereintragen lassen, darin sollte sie sich waschen und sie dann ausschütten – unters Bett. Und wenn sie am andern Morgen nachsieht, so sind da zwei Blumen gewachsen, eine schön und eine hässlich. Die schöne soll sie verspeisen, die hässliche aber stehen lassen. Aber“, sagte die Frau, „vergesst das letzte nur nicht!“

Die Königin tat, wie die Frau ihr geraten hatte. Sie ließ sich Wasser in zwei Schüsseln bringen, wusch sich darin und schüttete es dann unter das Bett. Und als sie am Morgen nachsah, standen zwei Blumen da; eine war hässlich und garstig mit schwarzen Blättern, die andere aber war so licht und schön, dass sie nie etwas schöneres gesehen hatte. Die schöne aß sie auf, und sie schmeckte ihr so gut, dass sie nicht anders konnte, sie musste die hässliche auch noch essen. „Es wird weder schaden noch nutzen“, dachte sie.

Nach einer Zeit kam die Königin ins Kindbett. Und da brachte sie ein Mädchen zur Welt, hässlich und garstig, das kam auf einem Bock geritten und hielt einen Holzlöffel in der Hand, und kaum wars auf der Welt, so schrie es „Mama!“

„Gott steh mir bei, wenn ich deine Mutter bin!“, sagte die Königin.

„Ach, mach, dir darum keine Sorgen,“ sagte das Mädchen auf dem Bock, „gleich kommt noch eine, die ist schöner als ich.“

Und da bekam die Königin noch ein Mädchen, so schön und lieblich, wohl niemand hatte je ein schöneres Kind gesehen; ihr könnt euch denken, wie froh die Königin da war.

Die ältere aber nannte sie Lurvehette – Zottelhaube, weil sie so schlampig und so hässlich war und auf ihrem Zottelhaar stets eine zerfetzte Haube trug. Die Königin wollte nichts von ihr wissen, und die Zofen sollten sie immer in eine eigene Kammer sperren. Aber das half nichts; wo die Schwester war, da

wollte auch Zottelhaube sein, und sie waren durchaus nicht zu trennen.
Als die beiden Mädchen fast erwachsen waren, da brach an einem Weihnachtsabend auf dem Gang vor dem Saal der Königin ein schrecklicher Lärm und Trubel aus. Zottelhaube fragte, was das sei, das da auf dem Gang so polterte und knurrte.
„Ach, es ist der Mühe nicht wert, dass du fragst", sagte die Königin.
Aber damit gab sich Zottelhaube ja nicht zufrieden, sie wollte unbedingt wissen, wer das sei, und da erzählte ihr die Königin, das seien Trollweiber, die draußen ihre Julfeier hielten. Und nun wollte Zottelhaube unbedingt hinaus und sie jagen, und so sehr alle baten, sie solle das doch nicht tun, das half gar nichts, sie wollte und musste hinaus, um die Trollweiber zu jagen. Nur, sagte sie, die Königin solle alle Türen gut verriegelt halten, auch nicht eine einzige dürfe nur angelehnt sein. Und dann sprang sie mit dem Holzlöffel hinaus und fing an, die Trollweiber zu hetzen und zu jagen. Da war ein Gepolter und Gezeter auf dem Gang, wie du es dein Lebtag noch nicht gehört hast. Es schepperte und krachte, als wolle das Schloss aus allen Fugen gehen.
Aber wie's nun auch gekommen sein mag: Eine Tür war nur angelehnt, und da wollte die schöne Schwester hinausschauen und sehen, was Zottelhaube draußen anstellte: Sie steckte ihren Kopf nur ein ganz klein wenig durch den Türspalt – ratsch! da kam eine Trollalte, riss ihr den Kopf ab und setzte ihr stattdessen einen Kalbskopf auf; und gleich benahm sich die liebliche Prinzessin wie ein Kalb, blökte und muhte.
Als Zottelhaube wieder hineinkam und die Schwester so sah, war sie schrecklich böse, dass man nicht besser auf sie aufgepasst habe. „Findet ihr's schön, wenn sie jetzt als Kalb herumläuft?", schimpfte sie. „Aber", sagte sie endlich, „ich will doch zusehen, ob ich sie nicht erlösen kann."
Sie verlangte vom König ein Schiff, wohl ausgerüstet und reisefertig, aber Steuermann und Mannschaft, die wollte sie nicht

haben, sie wollte ganz allein mit ihrer Schwester auf die Reise gehen, und schließlich musste man ihr ihren Willen lassen.
Zottelhaube steuerte gleich auf das Land zu, wo die Trollweiber wohnen, und als ihr Schiff da ankam, befahl sie ihrer Schwester, an Bord zu bleiben und ganz still zu sein, sie selbst aber ritt auf dem Ziegenbock hinauf zum Trollweiber-Schloss. Und wie sie hineinkam, stand ein Fenster offen und der Kopf ihrer Schwester lag auf dem Fensterbrett. Da ritt sie in vollem Galopp hinein, packte den Kopf und machte sich damit davon. Die Trollweiber jagten ihr nach und wollten den Kopf zurück, und es waren so viele, dass es um sie nur so schwirrte und schwärmte. Aber der Bock knuffte und puffte und stieß mit den Hörnern, und Zottelhaube hieb mit dem Holzlöffel drein, dass er nur so tanzte, da musste sich der Trollweiber-Schwarm endlich geschlagen geben.
So kam Zottelhaube zum Schiff zurück, setzte der Schwester den Kalbskopf ab und den eigenen Kopf auf, und da war sie wieder ein Mensch wie vorher. Und dann segelten sie fort weit, weit übers Meer in ein fremdes Königreich.
Der König dort war ein Witwer und hatte nur einen einzigen Sohn. Als er das fremde Schiff am Strand entdeckte, wollte er wissen, woher es käme und wem es gehöre, und er schickte seine Leute aus, um das herauszufinden. Als sie aber zum Schiff kamen, sahen sie keine Menschenseele dort außer Zottelhaube, die ritt auf ihrem Ziegenbock hin und her übers Deck, dass ihr das Zottelhaar nur so um den Kopf flog. Die Hofleute waren höchst verwundert über diesen Anblick und fragten, ob denn sonst niemand an Bord sei. Doch, sagte Zottelhaube, sie hätte noch ihre Schwester bei sich. Da wollten die Leute des Königs sie gern sehen, aber Zottelhaube sagte nein, die bekomme keiner zu sehen als nur der König, und dabei ritt sie über das Deck, dass die Planken dröhnten.
Wie nun die Diener zum Königshof zurückkamen und dort erzählten, was sie beim Schiff gehört und gesehen hatten, machte der König sich gleich auf den Weg, um die anzusehen, die da auf einem Bock ritt.

Und als er hinkam, führte Zottelhaube ihre Schwester heraus, und sie war so schön und so lieblich, dass sich der König auf der Stelle in sie verliebte. Er bat beide Schwestern auf sein Schloss, und die schöne wollte er gern heiraten und zu seiner Königin machen. Aber Zottelhaube sagte nein, er könne die Schwester auf gar keinen Fall bekommen, es sei denn, der Königssohn nehme sie, Zottelhaube, zur Frau. Nun wollte der Prinz natürlich nur sehr ungern so ein hässliches Trollmädchen wie Zottelhaube haben, das kannst du wissen. Aber der König und alle Hofleute redeten ihm so lange zu, bis er endlich nachgab und versprach sie zu heiraten, aber er tat's nur widerwillig und wurde ganz schwermütig dabei.
Nun wurde die Hochzeit vorbereitet mit Backen und Brauen, und dann machten sie sich auf den Weg zur Kirche, und dem Prinzen schien es der schwerste Kirchgang seines Lebens zu werden. Vorneweg fuhr der König mit seiner Braut; die war so wunderschön, dass die Leute stehenblieben und ihr nachschauten, solange noch etwas von ihr zu sehen war. Dahinter kamen Zottelhaube und der Prinz geritten: Zottelhaube trabte einher auf ihrem Ziegenbock und hielt einen hölzernen Kochlöffel in der Hand; und der Prinz blickte so trübsinnig drein, als ob er bei einem Begräbnis wäre und nicht bei der eigenen Hochzeit, und er sagte kein einziges Wort.
„Warum redest du nicht mit mir", fragte Zottelhaube, als sie ein Stück Wegs geritten waren.
„Was soll ich denn mit dir reden", meinte der Prinz.
„Du kannst mich ja fragen, warum ich auf dem hässlichen Ziegenbock reite", sagte Zottelhaube.
„Ja, warum reitest du auf dem hässlichen Bock?", fragte er also.
„Ist das denn ein hässlicher Ziegenbock? Das ist das schönste Pferd, auf dem eine Braut nur reiten kann!" sprach Zottelhaube, und im Augenblick verwandelte sich das Tier in ein Pferd, wie der Prinz sein Lebtag kein schöneres gesehen hatte. Doch als sie weiter ritten, blieb der Prinz so schweigsam und schwermütig wie zuvor.

Wieder fragte Zottelhaube: „Warum redest du nicht mit mir?“, und wieder sagte er, er wisse nicht, worüber er mit ihr reden solle.
„Du kannst mich ja fragen, warum ich den hässlichen Holzlöffel in der Hand hab’.“
„Ja, warum hältst du den hässlichen Löffel in der Hand,“ fragte der Prinz. –
„Ist das denn ein hässlicher Löffel? Das ist der schönste Silberfächer, den eine Braut nur haben kann“, sprach Zottelhaube, und im Augenblick verwandelte sich der hölzerne Löffel in einen silbernen Fächer, der glänzte und blitzte.
Doch der Prinz ritt weiter, traurig und stumm. Wieder sagte Zottelhaube: „Warum redest du nicht mit mir? Frag mich doch, warum ich so eine hässliche Haube trage.“ –
„Ja, warum hast du die hässliche Haube auf“, fragte der Prinz gelangweilt. –
„Ist das denn eine hässliche Haube? Das ist die schönste Krone aus Gold, die eine Braut nur tragen kann“, sprach Zottelhaube, und im Augenblick war die zottige Kappe zur goldenen Krone geworden.
Doch der Prinz ritt weiter mit hängendem Kopf und wusste nichts mehr zu sagen.
„Du redest noch immer nicht mit mir“, sagte Zottelhaube, „frag doch, warum ich so hässlich und grau im Gesicht bin.“
„Ja, warum bist du so hässlich und grau im Gesicht“, fragte der Prinz ganz widerwillig.
„Bin ich denn hässlich? Du meinst, meine Schwester sei schön. Aber schau mich nur richtig an“, sprach Zottelhaube, „ich bin zehnmal schöner als sie!“
Und als der Königssohn seine Braut da endlich richtig ansah, da war sie so wunderschön, dass ihm schien, in der ganzen Welt gäb’s keine wie sie. Da ließ er den Kopf nicht länger hängen und fand auch seinen Mund wieder, und dann wurde Hochzeit gefeiert, lange und schön, und dann zogen König und Prinz, jeder mit seiner Braut, zum Vater der beiden Königstöchter, und da wurde weitergefeiert, so dass das Fest kein Ende neh-

men wollte. Lauft geschwind hin, vielleicht ist noch ein Schlückchen vom Brautbier übrig.

(aus Norwegen, nach Asbjörnsen/Moe, Samlede Eventyr, Bd. 2, Bearbeitung: Heinrich Dickerhoff)

Zottelhaube, norwegisch Lurvehette, ist ein typisches Zaubermärchen und doch ganz originell. Zottelhaube gehört zunächst zu den zahllosen ungeliebten Märchen-Kindern. Aber anders als übliche Aschenputtel-Gestalten ist sie sehr selbstbewusst; auf einem Bock reitet sie in die Welt, setzt „bockig" ihren Kopf durch und lässt sich von der wilden Weiblichkeit der Trollalten nicht schrecken. Wie der Donnergott Thor, der auf seinem von Böcken gezogen Streitwagen gegen die Riesen fuhr, zieht sie gegen die Trolle, nur trägt Zottelhaube statt Thors fliegendem Wunderhammer Mjölnir einen Kochlöffel in der Hand.

Das Märchen beginnt „typisch" mit dem unerfüllten Kinderwunsch des Königspaares; und von Anfang an sind zwar nicht alle weiblichen Figuren stark, aber alle starken Figuren weiblich. In dem „kleinen Fräulein" und dem Bettelmädchen können wir schon das spätere ungleiche Schwesternpaar ahnen. Natürlich übertritt die Königin das Verbot, die hässliche Blume zu essen – aber ist Zottelhaube wirklich der Spross der hässlichen Pflanze? Schließlich verzehrt die Königin zuerst die schöne, und zuerst wird auch Zottelhaube geboren.

Bruder und Schwester ergänzen sich im Märchen, gleichgeschlechtliche Geschwister sind zumeist Rivalen. Zottelhaube und ihre Schwester aber sind – bei aller Verschiedenheit – nicht Gegenspielerinnen, sondern Verbündete, gewiss auch als zwei Seiten oder Möglichkeiten eines jeden Menschen. Und während meist die schöne Schwester die Sympathie- und Handlungsträgerin ist, identifizieren wir uns hier mit der zunächst hässlichen Zottelhaube, während ihre liebliche Schwester doch eher kalbsköpfig durch die Welt läuft.

Am Ende aber entpuppt sich Zottelhaube als wahrhaft schön, wobei anklingt, dass nicht das Aussehen, sondern das Ansehen über Schönheit entscheidet. Denn auch die starke Zottelhaube ist sich selbst nicht genug, sie braucht das liebevolle Ansehen eines anderen, mag der Prinz uns auch noch so schwach erscheinen. So ist auch Zottelhaube – märchentypisch – ein(e) „erlösungsbedürftige(r) Erlöser(in)". Fast immer im Märchen, wohl immer in der Liebe ist Erlösung keine Einbahnstraße, sondern ein wechselseitiges Geben und Nehmen.

(16) Der Kloß

Es waren einmal ein alter Mann und eine alte Frau. Eines Tages sagt der Mann zu seiner Frau: „Geh, Alte, feg' im Spind und kratz' im Kasten. Vielleicht bringst du noch etwas Mehl zusammen für einen Kloß."
Da nimmt die Alte ein paar Hühnerfedern, fegt im Spind, kratzt im Kasten, bringt auch wirklich noch zwei Handvoll Mehl zusammen. Das hat sie mit Fettmilch gemischt, macht daraus dann einen Kloß, weich und rund und nicht zu groß, den backt sie in brutzelndem Rübenöl und stellt ihn dann zum Kühlen auf die Fensterbank.
Da liegt er nun, der Kloß – weich und rund und nicht zu groß. Und die Zeit wird ihm so lang – da fängt er doch zu rollen an: rollt vom Fensterbrett auf die Bank, rollt von der Bank auf den Boden, rollt über die Bodendielen zur Zimmertür, springt – hops – über die Schwelle, rollt durch den Flur, zur Haustür hinaus, über den Hof, rollt auf und davon.
Und wie unser Kloß so rollt und rollt, kommt ein Häschen angehoppelt: „Hör doch, Kloß! Kloß, bleib stehn! Kloß, ich will dich fressen!" – „Nein, friss mich nicht, Hase", sagt der Kloß, „ich sing dir auch ein Liedchen vor:

„Bin ein Kloß, ein schöner Kloß,
weich und rund und nicht zu groß.
Aus dem Spinde gefegt, aus dem Kasten gekratzt,
bin mit Fettmilch gemischt und in Rüböl gebackt.
Stand am Fenster zum Kühlen,
und keiner kann mich kriegen.
Der alte Mann kriegt mich nicht,
die alte Frau kriegt mich nicht,
und du, Häschen, kriegst mich auch nicht!"

Und ehe der Hase sich versieht, ist der Kloß weitergerollt. Da steht auf dem Weg der Wolf, der große graue Wolf: „Hör doch, Kloß! Kloß, bleib stehn! Kloß, ich will dich fressen!" – „Nein, nein. Du frisst mich nicht, grauer Wolf," sagt der Kloß, „ich sing dir auch ein Liedchen vor:

„Bin ein Kloß, ein schöner Kloß,
weich und rund und nicht zu groß.
Aus dem Spinde gefegt, aus dem Kasten gekratzt,
bin mit Fettmilch gemischt und in Rüböl gebackt.
Stand am Fenster zum Kühlen,
und keiner kann mich kriegen.
Der alte Mann kriegt mich nicht,
die alte Frau kriegt mich nicht,
das Häschen kriegt mich nicht,
und du, grauer Wolf, kriegst mich auch nicht!"

Und schon ist der Kloß auf und davon.
Da kommt aus dem Wald der Bär, der brummige braune Bär: „Hör doch, Kloß! Kloß, bleib stehn! Kloß, ich will dich fressen!" – „Nein, nein, nein. Du frisst mich gewiss nicht, alter Brummbär," ruft der Kloß, „Ich sing dir auch ein Liedchen vor:

„Bin ein Kloß, ein schöner Kloß,
weich und rund und nicht zu groß.
Aus dem Spinde gefegt, aus dem Kasten gekratzt,

bin mit Fettmilch gemischt und in Rüböl gebackt.
Stand am Fenster zu Kühlen,
und keiner kann mich kriegen.
Der alte Mann kriegt mich nicht,
die alte Frau kriegt mich nicht,
das Häschen kriegt mich nicht,
der Wolf kriegt mich nicht,
und du, alter Brummbär, kriegst mich auch nicht!"

Und kaum hat er ausgesungen, ist er auch schon weg. Da sitzt am Wegrand der Fuchs, der schlaue rote Fuchs: „Kloß, lieber Kloß! Wo willst du denn so eilig hin?" – „Ich rolle in die weite Welt hinaus!" – „Kloß, lieber Kloß, sing mir doch ein Liedchen vor." Und da singt der Kloß:

„Bin ein Kloß, ein schöner Kloß,
weich und rund und nicht zu groß.
Aus dem Spinde gefegt, aus dem Kasten gekratzt,
bin mit Fettmilch gemischt und in Rüböl gebackt.
Stand am Fenster zum Kühlen,
und keiner kann mich kriegen.
Der alte Mann kriegt mich nicht,
die alte Frau kriegt mich nicht,
das Häschen kriegt mich nicht,
der Wolf kriegt mich nicht,
der Bär kriegt mich nicht,
und du, alter Rotfuchs, kriegst mich auch nicht!"

„Wie schön du singst!", sagt da der Fuchs, „leider hör ich nicht so gut. Setz' dich doch auf meine Schnauze, Kloß, und sing dein Liedchen noch einmal, nur etwas lauter." Da springt der Kloß dem Fuchs behend auf die Schnauze und singt es noch einmal:

„Bin ein Kloß, ein schöner Kloß,
weich und rund und nicht zu groß ...“ und singt aus voller Brust.

„Wie schön,“ sagt der Fuchs, „ach, lieber Kloß, setz' dich doch auf meine Zunge, und sing dein Lied ein letztes Mal!“ Da springt der Kloß dem Fuchs auf die Zunge:

„Bin ein Kloß, ein schöner Kloß ...“

Da schnappt der Fuchs – „haps“ – und der Kloß ist weg.
(aus Russland, nach Alexander A. Afanansjew, Russische Märchen Bd.1, Bearbeitung: Heinrich Dickerhoff)

Auch in diesem – in seiner Aussageabsicht klaren – Kinder-Märchen muss eine ständige Wiederholung sprachlich übersteigert werden. Immer lauter, immer größenwahnsinniger muss der Kloß klingen. Oft wird in Märchen gesungen und singend der gute Grund des Lebens beschworen, hier aber ist das Lied großsprecherisches Selbstlob – obwohl es natürlich, auch das ist typisch für alle „kloßartige" Selbstbestätigung – etwas vom „Pfeifen im Walde" hat.

(17) Die Prinzessin, die in einen Wurm verwandelt worden war

Ein Mann hatte drei Söhne: Zwei waren klug, und einer war ein Dummling. Er rief seine Söhne zu sich und sagte: „Ich bin alt, und vor meinem Tod will ich einem von euch den Hof übergeben. Geht jetzt in die Welt hinaus. Ich gebe euch ein Jahr Zeit, wer dann das schönste Tuch nach Hause bringt, dem werde ich auch den Hof übergeben.“

Da gingen die Söhne in die Welt hinaus. Zuerst gingen sie noch gemeinsam los, doch im Wald gaffte sich der Dummling irgendwo fest und blieb stehn, und die Brüder merkten gar nicht, dass er zurückgeblieben war. So ging er allein weiter, ging und ging und kam an eine Höhle.
Er kroch in die Höhle hinein – was schert sich ein Dummling darum, wozu das gut sein soll –, kroch tiefer und immer tiefer und kam an eine Tür. Er macht die Tür auf, geht hinein, schaut sich um – ein schönes, prächtiges Zimmer. In dem Zimmer gibt es noch eine Tür. Er macht auch die auf und kommt in ein zweites Zimmer, noch schöner und prächtiger als das erste. Mitten im Zimmer steht ein Stuhl, und auf dem Stuhl liegt zusammengerollt ein gewaltiger Wurm. Als der Dummling den Wurm sieht, ist er ganz erschrocken und will davonlaufen. Da bewegt sich der Wurm und spricht mit Menschenstimme:

„Wer ist es, der da gekommen ist,
und wonach suchst du hier?“

Nun, da ist der Dummling noch mehr erschrocken, aber dann hat er dem Wurm doch alles erzählt: von seinem Vater und seinen Brüdern, von dem Hof und dem schönsten Tuch, das sie in einem Jahr aus der Welt mitbringen sollten.
„Wenn du willst, so diene dieses Jahr bei mir“, sagt der Wurm. „Einmal am Tag wirst du den Ofen heizen, einmal am Tag wirst du mich waschen. Zu essen bekommst du, was du nur willst. Und nach einem Jahr geb' ich dir ein schönes schönes Tuch.“
„Na,“ denkt der Dummling, „was werde ich da noch woanders hingehen?“, und er war gern bereit, bei dem Wurm zu bleiben. Einmal am Tag heizt er den Ofen, wäscht er den Wurm – zu essen hat er, was er nur will. So diente er ein ganzes Jahr ab. Und als das Jahr vorüber war, sagte der Wurm zu ihm: „Ein Haken ist an der Tür im ersten Zimmer, drei Schlüssel hängen daran. Nimm den Ersten herunter und geh damit ins Vorratshaus, dort findest du drei Truhen. Schließ die erste Truhe auf,

darin wirst du die schönsten Tücher finden. Suche dir eines aus, welches du willst, das nimm!"
Da nahm der Dummling den Schlüssel, ging zum Vorratshaus, schloss sich die erste Truhe auf – und findet sie voll schöner und schönster Tücher. Er nahm sich von oben das erste beste heraus und ging, nachdem er dem Wurm Ade gesagt hatte, zurück nach Hause.
Seine Brüder waren schon wieder daheim, sie hatten sich bei Bauern verdingt und sich jeder vom Lohn ein Seidentuch gekauft. Als sie den Dummling kommen sahen, machten sie sich lustig über ihn: „Mal sehen, was der hier für einen Lumpen 'rausholen wird!" Doch als der Dummling in der Stube sein Tuch ausbreitet, da erstrahlen vor dessen Schönheit noch die letzten Winkel. Und als dann die Brüder ihre Tücher vorzeigen, da sehen sie neben dem Tuch des Dummling aus wie alte Lappen.
Nun muss der Hof ja dem Dummling zufallen, aber der Vater will ihm den Hof nicht geben. Er schickt die Söhne ein zweites Mal in die Welt hinaus, nun sollen sie Ringe nach Hause bringen. Und der mit dem schönsten Ring, der soll den Hof dann bekommen.
Wieder gehen die drei in die Welt hinaus, diesmal wollen die beiden Klugen unbedingt bei dem Dummling bleiben. Aber der will nicht. Kaum waren sie im Wald, da lief er ihnen fort, lief geradewegs zu der Höhle, kroch hinein, ging durch das erste Zimmer in das Zweite, wo der Wurm auf dem Stuhl lag.

„Wer ist es, der da gekommen ist,
und wonach suchst du hier?"

fragte der Wurm. Und der Dummling erzählte alles.
„Diene noch ein Jahr bei mir", sagt der Wurm. „Zweimal am Tag wirst du den Ofen heizen, zweimal am Tag wirst du mich waschen. Zu essen bekommst du, was du nur willst. Und nach einem Jahr gebe ich dir den schönsten Ring!"

Das war dem Dummling nur recht, ein Jahr lang tat er alles, was der Wurm ihm aufgetragen hatte, dann sagte der Wurm: „Vom Haken an der Tür im ersten Zimmer nimm nun den zweiten Schlüssel, schließ im Vorratshaus die zweite Truhe auf, die ist voller Ringe. Wähle dir einen aus, welchen du willst, den nimm!"

Der Dummling nahm sich den Schlüssel, ging ins Vorratshaus, schloss sich die zweite Truhe auf – er findet sie voll schöner und schönster Ringe, und ihr Glanz erleuchtet das ganze Vorratshaus. Er nahm sich von oben einen Ring heraus und ging, nachdem er dem Wurm Ade gesagt hatte, zurück nach Hause. Die Brüder waren längst wieder daheim, jeder hatte einen Goldring mitgebracht. Nun warten sie ungeduldig auf die Rückkehr des Dummlings: was wird er wohl diesmal nach Hause bringen? Doch sicher keinen Ring, der so schön ist wie damals das Tuch? Dann kommt der Dummling, holt seinen Ring heraus – da erstahlt das ganze Haus, so schön ist er, so leuchtet er. Nun zeigen die Brüder ihre Ringe vor, aber was, gar kein Vergleich, der Ring des Dummlings ist der allerschönste.

Jetzt muss der Vater den Hof ja wohl hergeben. Aber er will nicht, und fertig. Er schickt seine Söhne ein drittes Mal in die Welt hinaus. Eine Braut, befiehlt er, eine Braut sollen sie übers Jahr nach Hause bringen, und der, dessen Braut die schönste ist, der wird den Hof bekommen.

Die Klugen schleichen hinter dem Dummling her, sie wollen sehen, wo er seine Schätze findet. Doch kaum waren sie in den Wald gekommen, da lief der Dummling ihnen davon und ließ sie mit offenem Munde stehn. Er lief zu seiner Höhle, kroch hinein, ging in das zweite Zimmer. Und wieder fragt der Wurm:

> „Wer ist es, der da gekommen ist,
> und wonach suchst du hier?"

Da erzählte der Dummling, dass sie der Vater in die Welt geschickt und ihnen befohlen hätte, eine Braut nach Hause zu

bringen, und dass der, dessen Braut die schönste sei, den Hof bekommen sollte.
„Diene noch einmal ein Jahr bei mir“, sagte der Wurm. “Dreimal am Tag wirst du den Ofen heizen, dreimal am Tag wirst du mich waschen. Zu essen bekommst du, was du nur willst. Und am Ende des Jahres bekommst du deine Braut!“
Na, darum war der Dummling ja gekommen, und er war gleich einverstanden: Dreimal am Tag heizt er den Ofen, wäscht er den Wurm. So geht es ein ganzes Jahr, dann sagt der Wurm: „Jetzt heize den Ofen ein letztes Mal, so kräftig, bis er rot glüht!“
Und der Dummling heizte ein.
Der Wurm aber sagte: „Jetzt wasch mich noch einmal ganz sauber, so sauber wie nie zuvor. Dann wirf mich hinein in den glühenden Ofen. Du aber lauf aus dem Zimmer, so schnell du nur kannst, dreh dich nicht um, schau' nicht zurück!“
Da wäscht der Dummling den Wurm ein letztes Mal, ganz langsam wäscht er ihn und ganz sauber. Nun soll er den Wurm in den Glutofen werfen – aber ihm will das Herz vor Schmerz zerspringen. Wer soll ihm dann auch die Braut verschaffen, wenn er den Wurm verbrennt. Doch – wenn er nicht gehorcht, wird er auch keine Braut bekommen. Weinend trägt er den Wurm zum Ofen hin und wirft ihn in die rote Glut, dann dreht er sich um und läuft so schnell er kann in das erste Zimmer. Aber sein Herz tut ihm so weh, dass er vor Schmerzen ohnmächtig wird.
Eine Stunde lag er so, dann kommt er wieder zu sich. Neben ihm kniet ein wunderschönes Mädchen, sie beugt sich über ihn, sie schaut ihn an: „Bist du nun erwacht? Ich warte schon so lange auf dich. Ich bin deine Braut, die Braut, die ich selbst dir versprochen habe.“
Da springt der Dummling auf, sieht sich um – jetzt ist alles anders: der Palast steht nun oben auf der Erde und ist voller Diener, und auch er selbst ist ganz verwandelt, ist ein schöner junger Mann geworden.
„Auf mir und meinem Palast und all den Menschen darin lag ein böser Zauber“, sagt die Prinzessin, seine Braut, „doch nun

ist dieser Zauber gebrochen, und dieser Palast mit all seinen Schätzen und das ganze Königreich gehören nun mir und dir!"
Da ließ der Dummling Pferde anspannen und fuhr mit seiner Prinzessin zu seinem Vater – sie flogen klingend heim. Der Vater erschrak, als er so hohe Herrschaften kommen sah.
„Also Väterchen," rief der Dummling, „erkennst du mich nicht mehr? Ich bin's, dein dummer Sohn! Ich komme heim mit meiner Braut!"
Da erschrak der Vater noch mehr, er bat und bettelte, der Herr Sohn möge doch nicht zürnen, weil er ihm den Hof nicht übergeben wollte.
Doch der Dummling lachte nur: „Lieber Vater, ich brauch' deinen Hof nicht. Leb' du hier in Frieden, ich habe ein ganzes Königreich!" Und dann lud er seine Brüder mit ihren Bräuten ein, mit ihm in sein Reich zu kommen und sich alles anzuschaun. Und sie fuhren alle dahin, und der Dummling heiratete die Prinzessin, und es gab ein großes Fest.
Ich bin auch dagewesen und hab' mitgefeiert, hab' getanzt, gegessen und getrunken und bin so müde geworden, dass ich zum Schlafen in die Kanone gekrochen bin. Und als sie am Morgen, um das Brautpaar zu wecken, die Kanone abgefeuert haben, da haben sie mich gradewegs hierher geschossen zu euch, um euch dies Märchen zu erzählen!

(Aus Litauen; nach: Märchen der Weltliteratur [Diederichs], Litauische Volksmärchen, Bearbeitung: Heinrich Dickerhoff)

Anders als der Troll oder auch der Kloß ist der Dummling nicht wirklich dumm und „doof": „doof" meint ja ursprünglich taub, und taub für den Anruf des Lebens ist unser Dummling gerade nicht. Wenn er dumm erscheint – das hieß ursprünglich stumm –, so wohl, weil er weder vorlaut noch großsprecherisch ist. Anders als Zottelhaube ist unser Dummling nicht in der Lage, seinen Weg selbst zu bestimmen, er wird hin und her geschickt, er hat die Fäden nicht in

der Hand, er reagiert, allerdings in dem Tempo, das ihm entspricht, langsam. Und er reagiert mit Herz. Die großen Helden bekämpfen das Gewürm, die Klugen finden im Apfel der Welt immer noch einen Wurm, der Dummling aber wäscht und wärmt den armen Wurm, zu dessen und seinem Glück. Auch die Rivalität der Brüder nimmt er nicht so ernst und bezieht sie endlich ein in sein Glück. Nur der Vater, der nicht loslassen kann, bleibt zurück.
Der augenzwinkernde Schluss, in seiner Art typisch für viele Märchen vor allem aus Osteuropa, bewahrt uns als Zuhörer vor zuviel Tiefsinn, behauptet aber doch, dass die Wahrheit dieses Märchens nicht weiter als einen Kanonenschuss von uns entfernt ist.

(18) Der Königssohn Ring und der Hund Snati-Snati

Es waren einmal ein König und eine Königin, die hatten eine Tochter, die hieß Inge, und einen Sohn, der hieß Ring. Der war nicht so ein Held, wie das die Söhne großer Herren sonst sein sollen, und allzu klug war er auch nicht.
Als Ring zwölf Jahre alt war, durfte er mit auf die Jagd. Da sah er im Wald eine Hirschkuh, die trug im Geweih einen goldenen Ring. Diesen Ring wollte er unbedingt haben, und er jagte der Hirschkuh nach. Aber Nebel kam auf, und Ring verlor erst die Gefährten, dann sein Pferd, das er zu Tode ritt, endlich hatte er auch den Weg verloren und wusste nicht mehr, wer und wo er war.
Lange irrte er so umher, bis er zu einer Lichtung kam, nicht weit vom Meer. Da saß auf einem goldenen Stuhl eine Frau, die hatte vor sich ein großes Fass. Ring grüßte höflich, die Frau grüßte freundlich zurück. Und wie er näher trat, sah er unten im Fass den goldenen Ring, dem er nachgejagt war. „Wenn du Lust hast“, sagte die Frau, „so nimm ihn dir nur heraus.“ Der Königssohn dankte und dachte, das Herausholen sei das wenigste. Er beugte sich über das Fass, das ihm auch gar nicht so tief erschien. Doch wie er die Hand nach dem Ring

ausstreckte, wurde das Fass tiefer und tiefer, und als er halb drüber hing, stand die Frau auf, stieß ihn kopfüber hinein, verschloss das Fass und rollte es ins Meer.
Da wars für unseren Königssohn recht unbehaglich: Das Fass trieb auf den Wogen hin und her, er wusste nicht, wie viele Tage das so ging. Endlich stieß das Fass an einen Felsen, Ring hoffte, dass es Land sei und nicht nur eine Klippe, trat den Boden aus und kam – denn aufs Schwimmen verstand er sich – auch glücklich ans Ufer. Da war er auf einer Insel, dicht bewaldet und fruchtbar, und er fand gute Äpfel zum Essen und war froh, dass er sich hierher gerettet hatte.
Auf einmal dröhnte und bebte die Erde; Ring erschrak und lief in den Wald, um sich zu verstecken. Da sah er einen Riesen mit einem großen Schlitten, der kam genau auf ihn zu. Ring wusste sich nicht anders zu helfen, warf sich zu Boden und stellte sich tot. Der Riese blieb stehn, sah ihn an, hob ihn behutsam auf und brachte ihn heim zu seiner Frau, die lag krank im Bett. „Ich hab' dies Kind im Wald gefunden", sagte er.
Die Frau hatte sich immer schon ein Kind gewünscht, sie nahm den Königssohn in ihre Arme, streichelte ihn und war gut zu ihm. Und Ring blieb bei ihnen, war freundlich und willig, und sie hatten ihn von Tag zu Tag lieber.
Der Riese zeigte ihm alle Räume im Haus bis auf eine Kammer ganz am Ende. Da wurde Ring neugierig; dort sind gewiss große Kostbarkeiten verborgen, dachte er. Und als der Riese einmal im Wald war, wollte Ring die Kammertür öffnen, aber er bekam sie nur einen Spalt weit auf, denn etwas Zottiges lag vor der Tür. Ring erschrak, schlug die Tür hastig wieder zu, und vor Schreck waren seine Hosen nass geworden. Als aber die Angst etwas gewichen und die Hose etwas getrocknet war, versuchte er's erneut, doch es ging aus wie beim ersten Mal. Ring ärgerte sich über sich selbst, nahm all seinen Mut zusammen und machte die Tür zum dritten Mal auf. Diesmal brachte er es fertig, nicht gleich davonzulaufen. Da sah er einen großen zottigen Hund, der konnte sprechen: „Wähl mich, Königssohn Ring!" sagte er. Da lief Ring doch wieder davon und dachte,

das sei ja kein so großer Schatz, aber die Worte blieben ihm trotzdem im Gedächtnis.
Eine gute Zeit war der Königssohn bei den freundlichen Riesen, aber eines Tages sagte der alte Riese zu ihm: „Ich will dich wieder ans Land bringen, denn ich hab' nicht mehr lange zu leben. Ich danke dir für all die Freude, die du uns gemacht hast. Wünsche dir zum Abschied, was immer du willst, du sollst es bekommen." Nein, sagte Ring, er habe zu danken, aber wenn er etwas aussuchen solle, so wünsche er sich das, was in der Kammer ganz am Ende sei. „Da wählst du die rechte Hand meiner alten Frau", sagte der Riese, „aber ich will mein Wort nicht brechen." Er ging und holte den Hund aus der Kammer, der kam herbei mit großen Sprüngen, Ring machte sich vor Schreck fast wieder in die Hose, dabei waren's doch nur Freudensprünge.
Dann ging der Riese mit ihm zum Meer, da lag ein Boot aus Stein, fast zu klein für die drei, damit brachte er Ring zum Festland. Dort umarmte er ihn ein letztes Mal. „Alles, was auf der Insel ist, wirst du einmal erben", sagte er. Dann fuhr der Riese heim, und Ring ging mit seinem Hund landeinwärts. Er wusste aber nicht, was das für ein Land war, und wagte auch nicht, mit dem seltsamen Hund zu reden.
Da fing der Hund an: „Willst du gar nicht wissen, wie ich heiße?" – „Ja, wie heißt du denn?", fragte Ring. – „Nenn mich Snati-Snati", sagte der Hund, „und den König, in dessen Reich wir kommen, den musst du bitten, dass er uns für den Winter eine kleine Kammer gibt." Ja, da hatte Ring schon nicht mehr so viel Angst vor dem Hund, und er tat auch, was der ihm geraten hatte. Der König nahm ihn freundlich auf, aber seine Leute lachten über den zottigen Hund und hänselten ihn, bis Ring sie warnte: „Reizt meinen Hund nicht, das könnte euch schlecht bekommen!"
Dem König gefiel Ring, denn er hatte eine schöne Tochter, aber keinen Sohn. Da wurde einer seiner Ratgeber, Raud hieß der, neidisch auf Ring, und er fragte den König, warum er denn so freundlich wäre zu einem Fremden, der nichts hätte, nichts

könnte und sich durch nichts hervortue. „Er ist ja auch noch nicht lange bei uns", meinte der König. Aber Raud schlug vor, der König solle ihn und Ring in den Wald schicken zum Bäume fällen, da würde sich schon zeigen, wer von ihnen der Tüchtigere sei. Snati-Snati hatte das gehört, er lief zu Ring und erzählte es ihm: „Und wenn Raud dich herausfordert", sagte der Hund, „so bitte den König um eine Axt und um ein Beil, falls die Axt entzweigehen sollte."

Als Raud dann am andern Morgen Ring zum Wettstreit herausforderte, bat der den König also um Axt und Beil, dann gingen er und Raud in den Wald, jeder für sich – aber Ring nahm seinen Hund mit. Im Wald nahm Ring das kleine Beil und Snati-Snati die große Axt, dann fingen sie an, Bäume zu fällen – und am Abend war Rings Holzstoß zweimal so hoch wie der von Raud. „Ich hab, mir wohl gedacht, dass Ring kein Schwächling ist", sagte der König, „aber ein solches Tagwerk hab ich noch nie gesehn." Und Ring war ihm noch viel lieber als vorher, und Raud war noch viel neidischer.

Also ging er wieder zum König und sagte: „Wenn Ring so ein Held ist, wie alle sagen, dann bitte ihn doch, die zwei Opferstiere draußen im Wald zu töten und dir ihre Haut und ihre Hörner zu bringen." Nein, das sei viel zu gefährlich, meinte der König, noch keiner habe das gewagt. Aber Raud sagte, für einen Helden wie Ring sei's eine rechte Lust, eine solche Mannesprobe zu wagen. Und da ließ sich der König beschwatzen und bat Ring, ihm Haut und Hörner der Stiere im Wald zu bringen. Ring wusste ja gar nicht, wie wild die Stiere waren, und er wollte dem König auch gern zu Gefallen sein, also ging er mit seinem Hund gleich in den Wald. Und Raud dachte: den bin ich los! Der eine Stier war groß wie ein Haus, der andere kaum größer als ein Kälbchen. Als sie den Königssohn erblickten, stürzten sie brüllend auf ihn los. „Na, wie gefällt dir das?", fragte Snati-Snati. „Schlecht", sagte Ring, und seine Hose war schon wieder nass. „Weglaufen können wir nun nicht mehr", sagte Snati-Snati, „jetzt bleibt uns nur, dagegen anzugehn." Und er sprang den großen Bullen an, riss ihn zu Boden und

tötete ihn. Ring ging mit weichen Knien dem kleinen Stier entgegen, aber der rannte ihn einfach um und hätte ihn in Grund und Boden gestampft, wäre Snati-Snati ihm nicht zu Hilfe gekommen und hätte auch den zweiten getötet. Dann zogen sie den Stieren die Häute ab, und Snati-Snati war mit dem großen fertig, ehe Ring dem kleinen Stier auch nur die halbe Haut abgezogen hatte. Als sie sich auf den Heimweg machten, traute Ring sich nicht zu, die Häute zu tragen. „Wirf sie auf meinen Rücken", sagte der Hund, dann schleppte er die Häute bis zum Burgtor, und Ring trug die Hörner hinterher. Dort aber bat Ring den König heraus und übergab ihm Haut und Hörner der Stiere. Der König dankte ihm sehr und bewunderte ihn nun noch mehr, und alle hielten Ring für den größten Helden, sogar Raud glaubte das.
Aber kurz vor dem Weihnachtsfest sagte Raud zum König: „Ich muss doch immer an die Schätze denken, die du vor Jahresfrist verloren hast: den goldnen Mantel, das goldne Schachspiel und den glänzenden Goldschatz." – „Ach, erinnere' mich nur nicht daran", sagte der König, aber da war's ja schon zu spät und er wurde ganz schwermütig beim Gedanken an den Verlust. Da sagte Raud, Ring wäre doch so ein Held, der alles fertig brächte, der König solle ihn doch bitten, die verlorenen Schätze zu suchen, zur Belohnung könne er ihm ja seine Tochter versprechen. „Ich weiß ja nicht einmal, wo er suchen könnte", meinte der König.
Aber dann ging er doch zu Ring und sagte: „Mein Lieber, ich habe einen Weihnachtswunsch, wenn einer den erfüllen kann, dann nur du!" Ring ahnte nichts Gutes, musste aber wohl oder übel fragen, was für ein Wunsch das denn sei.
„Vor Jahresfrist hat man mir den goldenen Mantel gestohlen", sagte der König, „und das goldene Schachspiel und den glänzenden Goldschatz. Wenn du mir diese Schätze bis Weihnachten wiederbringst, gebe ich dir meine Tochter zur Frau!" – „Ja, wo soll ich denn danach suchen?", fragte Ring, aber der König meinte nur, das wisse er auch nicht, das müsse Ring schon selber herausbekommen.

Da wurde Ring ganz still, alles kam ihm so schwierig vor, und er hätte doch so gern die Königstochter gewonnen. Doch Snati-Snati machte ihm Mut: „Gräm dich nicht, nur hör' auf mich, sonst nimmt's ein schlimmes Ende. Und besorg dir alles Salz, das du bekommen kannst." Das machte Ring – und da war es mehr, als er tragen konnte. „Wirf's auf meinen Rücken", sagte Snati-Snati. Und dann nahm Ring Abschied vom König, und sie zogen los.

Der Hund lief voran mit großen Sprüngen – Ring konnte ihm kaum folgen – bis zu einem hohen Berg. „Hier hinauf", rief Snati-Snati. „Das wird nicht leicht sein", meinte Ring. „Dann halt dich fest an meinem Schwanz", sagte Snati-Snati und sprang den Berg hinauf – da wurd' es Ring schon schwindlig. Der Hund sprang höher und höher – da musste Ring die Augen schließen. Und als der Hund auf die Bergspitze sprang, da fiel Ring in Ohnmacht. Als er wieder zu sich kam, gingen sie über den Berg bis zu einer Höhle, und das war genau am Heiligabend.

Sie schauten in die Höhle hinein, da lagen vier Riesen ums Feuer und schliefen, und über dem Feuer hing ein Riesenkessel mit Grütze. „Wirf alles Salz in den Grützentopf", sagte Snati-Snati. Ring machte sich vor Angst fast in die Hosen, doch er schlich in die Höhle und warf alles Salz in den Kessel.

Wie nun die alte Riesin erwachte – sie war die allerhässlichste von ihnen –, nahm sie eine Schaufel und schaufelte Grütze in ihr Riesenmaul. „Bah", schrie sie, „die Grütze ist versalzen! Gestern habe ich die Milch aus vier Königreichen herbeigezaubert, damit wir Julgrütze zu schlecken haben, und jetzt ist sie salzig!"

Nun wachten alle Riesen auf, schaufelten auch gleich Grütze in sich hinein, schimpften dabei, die Grütze sei versalzen – und hatten den ganzen großen Kessel doch im Handumdrehn leergefressen.

Von der versalzenen Grütze bekam die alte Riesin Riesendurst. Sie sagte zu ihrer Tochter: „Geh und hol mir einen Kessel Wasser aus dem Fluss." – „Ich geh nicht", sagte die, „wenn du mir

nicht den goldenen Mantel gibst!" – „Da müsst ich verrecken, eh du den kriegst", knurrte die Riesenmutter. – „Na, dann verrecke", sagte die Tochter, da bekam sie den Mantel doch und ging mit dem Riesenkessel zum Fluss. Aber erst wollte sie selber trinken, legte Kessel und Mantel beiseite und beugte sich übers Wasser – da stießen Ring und Snati-Snati sie hinein und hatten den ersten Schatz zurückgewonnen.
Die alte Riesin wurde immer durstiger und so wütend auf ihre Tochter. „Die stolziert da draußen herum in dem goldenen Mantel und hat ihre durstige alte Mutter vergessen. Geh", sagte sie zu ihrem Sohn, „hol du mir Wasser." – „Ich geh nicht", sagte der, „wenn du mir nicht das goldene Schachspiel gibst!" – „Da müsst ich verrecken, eh du das kriegst", fauchte die Alte. „Na, dann verrecke", sagte der Sohn, da bekam er das Spiel und ging damit zum Fluss. Aber erst wollte er selber trinken, legte das Schachspiel beiseite und beugte sich übers Wasser – da stießen Ring und Snati-Snati auch ihn in den Fluss und hatten so den zweiten Schatz zurückgewonnen.
Die alte Riesin kochte vor Wut. „Deine hässlichen Kinder haben beim Spiel ihre durstige alte Mutter vergessen. Mann, geh du und hol mir Wasser!" – „Ich geh nicht", brummte der, „wenn du mir nicht den glänzenden Goldschatz gibst!" – „Da müsst ich verrecken, eh du den kriegst", fluchte sie. „Dann verrecke", sagte der Riesenmann, und da bekam er den Goldschatz und ging damit zum Fluss hinunter. Aber auch er legte erst das Gold beiseite, um selbst zu trinken – und da stießen Ring und Snati-Snati ihn ins Wasser, wie schon seine Kinder.
So hatten sie die verlorenen Schätze zurückgewonnen und wollten sich damit gerade auf den Heimweg machen – da kam das alte abscheuliche Riesenweib selbst aus der Höhle gekrochen. „Jetzt hilft weder List noch Flucht", sagte Snati-Snati, „jetzt müssen wir mit ihr fertig werden, und sie ist das übelste Riesenweib, das du dir denken kannst, nicht Eisen noch Zahn kann sie töten. Schnell, denn wenn sie erst ins Freie kommt, so können wir sie niemals überwinden!"

Und Snati-Snati stellte sich ihr in den Weg, und Ring wich nicht von seiner Seite, und er hielt den Riesenkessel in der Hand.
Als die alte Riesin Snati-Snati sah, sagte sie: „Ah, bist du endlich gekommen, Königssohn Ring. Hast du vielleicht meinen Mann und meine Kinder gesehn?“ Ring merkte, dass sie einen Zauber sagen wollte: da warf er ihr den Kessel an den Kopf, so brachte sie die bösen Worte nicht schnell genug heraus, und der Hund sprang sie an, sie fiel rückwärts ins Feuer – und verbrannte!
Dann ging's heim, und noch am Weihnachtstag kamen sie mit den zurückgewonnenen Schätzen zum König. Der freute sich, als er die Kostbarkeiten sah, noch mehr aber freute er sich, dass Ring heil zurückgekommen war, denn der war ihm lieber geworden als alle Schätze. Und noch am Weihnachtstag wurde Hochzeit gefeiert, da waren sie alle wunschlos glücklich, der König, Ring und auch die Königstochter.
Nur Snati-Snati hatte noch einen Wunsch; er wollte in der Hochzeitsnacht im Brautbett schlafen, am Fußende. Die Bitte war leicht zu erfüllen, und als das Brautpaar zu Bett ging, schlief Snati-Snati zu ihren Füßen ein. Mitten in der Nacht aber hörte Ring ein furchtbares Geheul neben sich, erst wollte er aus dem Zimmer laufen, doch dann machte er Licht und sah vor dem Bett eine hässliche zottige Hundehaut, im Bett aber lag ohnmächtig ein wunderschöner Königssohn. Ring sprang auf, warf die Hundehaut in den brennenden Kamin und brachte den Königssohn mit Wasser wieder zu sich. Dann fragte er ihn, wie er heiße und woher er komme. Da erzählte der, auch er heiße Ring, und er habe als kleiner Junge die Mutter verloren, da habe sein Vater wieder geheiratet, die neue Frau sei aber eine böse Zauberin gewesen. Und die habe ihn verwünscht zu einem Hundeleben. Und erlöst werden konnte er nur, wenn ein Königssohn mit gleichem Namen ihn in seiner Hochzeitsnacht im Brautbett schlafen ließe. „Weil aber“, sagt er, „die Zauberin wusste, dass ich in dir diesen Königssohn finden und durch dich erlöst werden könnte, darum wollte sie dich aus dem Weg

schaffen. Sie war die Hirschkuh mit dem Goldreif, der du nachgejagt bist, sie war die Frau mit dem Fass und auch das üble Riesenweib, das wir in der Höhle überwunden haben."
Nun war die Freude vollkommen. Und als die Hochzeit vorüber war, fuhren die Namensbrüder zur Riesenhöhle und bargen alle Schätze, die da noch lagen, und dann fuhren sie weiter zur Insel der guten Riesen und holten von dort das Erbe, das diese Ring vermacht hatten. Zuletzt fuhren sie zu Rings Elternhaus, dort gab Ring dem erlösten Namensbruder seine Schwester Inge zur Frau. Und dann kehrte Ring zurück zu seiner Frau und zu seinem Schwiegervater, der gab ihm das halbe Königreich, und später, nach dessen Tod, herrschte Ring allein in Weisheit und Gerechtigkeit.
(aus Island, nach Lisa Tetzner, 365 Märchen für jeden Tag, Bd. 12, Bearbeitung: Heinrich Dickerhoff)

In diesem Märchen erleben wir nicht nur, dass sich die Stellung des Helden in der Welt verändert und sein königliches Wesen anderen offenbar wird, sondern dass sich der Held – seiner Stellung nach ein Königssohn von Anfang an –, innerlich wandelt, dass er seine Angst mehr und mehr überwindet, sich nicht nur als wahrer Königssohn entpuppt, sondern zum Königssohn entwickelt. Der Hund Snati-Snati zeigt eine Seite des „lieben Jungen" Ring, der es immer allen Recht machen will und kaum einmal die Zähne zeigen kann; gerade darum braucht er dringend eine „bissige" andere Seite; dass der Hund sich am Ende auch in einen Königssohn mit gleichem Namen verwandelt, ist die märchenhafte Beschreibung für eine gelungene Integration.
Ring jagt dem Ring nach (auch im Isländischen das gleiche Wort!), bei der Suche nach sich selbst gerät er in die „heile Familie" der Riesen auf der Insel, in die Konkurrenzsituation am Königshof, in der er sich aber dank seinem Hund behaupten kann, schließlich in die Anti-Familie der hässlichen Riesen in der Höhle. Erst im Braut-

bett, erst als er das Weibliche nicht nur mütterlich und/oder gefährlich erlebt, ist die Verwandlung und Erlösung wirklich erreicht. Das Märchen ist besonders hilfreich für all die „lieben" Menschenkinder, die doch auch lernen müssen, sich durchzubeißen um eigene Menschen zu sein, ohne deshalb ihr freundliches Wesen zu verraten und zu verlieren.

(19) Die Beutelratte, die sich fledermauste

Es war einmal eine Beutelratte, die war ihr altes Leben müde, da sagte sie sich: „Ich bin zu alt für das Rattenleben und zu langsam, meine Beine sind schwer und wollen nicht mehr. Es ist Zeit, dass ich mich verwandele. Aber was soll ich werden? Ich will im Dunkeln meine Wege finden, ohne dass man mich sieht. Soll ich also eine Schabe werden? Lieber nicht. Die Leute würden mich verachten und zertreten. Soll ich eine Schlange werden? Ach nein, dann wird man mich fürchten und hassen. Ich will eine Fledermaus werden! Die fliegt durch die Nacht und frisst reife Bananen!"
Und dann ging die alte Ratte daran, sich zu fledermausen. Mit ihrem langen Schwanz und ihren Hinterpfoten hielt sie sich fest an einen Zweig und hängte sich mit dem Kopf nach unten auf, wie das die Fledermäuse tun. Aber da bekam sie einen Schluckauf.
Eine Fledermaus, die vorüberflog, hörte, wie sie schluckte und schluckte. Sie flatterte um die Ratte herum. „Was machst du denn da?", fragte sie, „willst du dich über mich lustig machen?" – „Nein", sagte die alte Ratte, „ich will mich nicht über dich lustig machen. Ich will mich fledermausen." – „Wir Fledermäuse haben keinen Schwanz", sagte die Fledermaus. Da warf die Ratte ihren Schwanz ab und hielt sich nur noch mit den Hinterpfoten fest. – „Wir Fledermäuse brauchen keinen Beutel!" – Da warf die Beutelratte ihren Beutel fort. – „Wir

Fledermäuse haben Flügel!" – Da dehnte und dehnte die Beutelratte ihre alte Haut und spannte neue Flügel aus. Die Fledermaus flog davon und sagte zu ihrem Volk: „Denkt euch, was ich gesehn hab'. Dahinten ist eine Beutelratte, die sich fledermaust. Sie will sich verwandeln, um mit uns zu leben. Lasst sie in Ruhe, dass sie sich verwandeln kann." Da riefen alle Fledermäuse: „Eine Ratte, die sich fledermaust! Eine Ratte, die sich fledermaust! Los, los, das müssen wir sehn!", und sie flogen alle dorthin und sahen die Beutelratte, die da hing und sich fledermauste.

„Ratte, Ratte, hast du dich schon verwandelt?" fragten sie. – „Ja, verwandelt hab' ich mich schon", sagte die Ratte, „und jetzt möchte ich fliegen. Aber ich fürchte mich." – „Fürchte dich nicht, Ratte!", riefen die Fledermäuse. „Fliege! Es ist wunderschön." Die alte Ratte wollte gern fliegen, aber sie fürchtete sich und zitterte und war ganz schwer vor Angst und blieb hängen. „Hab keine Angst", riefen die Fledermäuse, „wir werden dich das Fliegen lehren. Breite nur deine Arme aus, lass deine Flügel schwingen und dann lass dich fallen – und du wirst fliegen!"

Da spannt die alte Ratte ihre neuen Flügel aus, sie lässt sie schwingen, lässt sich los – sie fliegt! „Wunderschön ist es!", ruft sie und fliegt davon durch die Nacht. Wir können sie nicht sehen, aber sie sieht uns auch im Dunkeln. Sie findet Bananen, mehr als genug, und die reifen, die frisst sie.

So hat die alte Beutelratte sich gefledermaust. Ein alter Indianer hat's erzählt. In seinem Land ist es geschehn.

(Indiomärchen aus Südamerika, nach Lisa Tetzner, Die schönsten Märchen der Welt, Bd.1, Bearbeitung: Heinrich Dickerhoff)

Verwandlung aus Einsicht, dass das alte Leben so nicht weitergehen kann: Es gibt Fabeln, Geschichten zur Verdeutlichung einer Moral, die davon erzählen, wie der Frosch, der fliegen will – er

springt vom Baum und zerplatzt. Im Märchen aber lebt – wie in den Wundergeschichten der Evangelien – die Hoffnung, dass sich alles ändern und wandeln kann, sogar ich. Und dass mir im Ernstfall Hilfe zukommt – die Fledermäuse scheinen mir ideale Helfer, sie verspotten die Beutelratte nicht, nehmen ihr aber auch die eigene Wandlung nicht ab, sondern machen ihr Mut. „Fliege! Es ist wunderschön."
Ursprünglich mag die Geschichte zu tun haben mit dem Rätsel des Sterbens und der Verwandlung im Tod, und da behält sie ihre Bedeutung. Aber sie macht Sinn auch in den vielen Lebensübergängen, die wir von Kindheit an durchschreiten. Nach meiner Erfahrung lieben gerade ältere Menschen dieses Märchen.
Die Fledermaus, die durch die Dunkelheit fliegt, die leicht ist und geheimnisvoll, ist ein schönes Sinn-Bild für die jedem Menschen aufgegebene Verwandlung. Freilich kann ich auch fragen, welches andere Tier zum Sinn-Bild der mir nötigen Wandlung werden kann.

(20) Die Reise zur Sonne

Am Hof eines Königs lebte einst ein Küchenjunge. Und wenn's auch nur ein Küchenjunge war, so war's doch der schönste und beste Junge im ganzen Land. Nur dass kaum einer seine Schönheit sah unter dem hässlichen grauen Küchenkittel. Nur die Tochter des Königs hatte gleich erkannt, wie schön und gut er war. Sie waren beide noch Kinder, als sie sich zum ersten Mal trafen im Garten des Schlosses, und von da an waren sie Freunde, und es verging kein Tag, an dem sie sich nicht sahen und zumindest einmal zublinzelten. Das wurde bekannt, und den Räten des Königs wars gar nicht recht. Die Königstochter und ein Küchenjunge! „Jagt den Jungen fort“, sagten sie, „eh' es ein böses Ende nimmt!“ Da befahl der König, der Junge müsse Schloss und Reich verlassen. Doch die Prinzessin weinte so lange, bis ihr Vater den Befehl zurücknahm: „Es sind ja noch Kinder, mit der Zeit kommen sie schon zu Verstand.“

So blieb alles, wie es war, die Kinder sahen sich jeden Tag und niemand durfte sie hindern. Sie wurden älter und wuchsen und hörten auf, Kinder zu sein – doch ihre Liebe, die hörte nicht auf, die wuchs mit ihnen und wurde immer inniger und fester.
Als nun die Königstochter alt genug war, um zu heiraten, da kamen Königssöhne von allen Enden der Erde und baten um ihre Hand. Doch sie sah die fremden Königssöhne kaum an und dachte nur an ihren Freund, den Küchenjungen. Der alte König war ratlos: „Mein Kind, gefällt dir denn keiner? Magst du keinen zum Mann?“ Und immer gab sie die gleiche Antwort: „Doch, lieber Vater, einer gefällt mir sehr, das ist der Küchenjunge, und ich will keinen andern als nur ihn!“
Da fragte der König seine Räte. „Was soll ich tun? So viele Königssöhne wollen meine Tochter zur Frau – und sie will einen Küchenjungen!“ – „Schafft den Jungen aus dem Weg!“, sagten die, „gebt den Befehl, ihn zu töten.“ Nein, davon wollte der König nichts hören. Da stand der Klügste seiner Ratgeber auf: „Mein König. Wenn Ihr den Tod des Jungen nicht wollt, so schickt ihn fort mit einem Auftrag. Und die Reise muss so lange dauern, dass er in hundert Jahren nicht wiederkehrt. Schickt ihn auf die Reise zur Sonne. Die soll er fragen, warum sie am Morgen höher und höher steigt und sich gegen Abend tiefer und tiefer neigt!“
Ja, dieser Rat gefiel dem König. „Wenn meine Tochter ihn so lang’ nicht sieht, wird sie den Jungen vergessen!“
Und der König ließ den Küchenjungen rufen, gab ihm Reisegeld und schickte ihn auf die Reise zur Sonne. „Und komm erst zurück, wenn du die Antwort auf meine Frage weißt!“
Unter Tränen schied die Königstochter von ihrem Freund, mit schwerem Herzen machte der sich auf den Weg. Niemand konnte ihm raten, wohin er sich wenden sollte. Da folgte er seinem Herzen, ging nicht der Sonne entgegen, sondern dorthin, wo sie niedersinkt, ging und ging, auf einsamen dunklen Wegen, die lange kein Mensch mehr gegangen war, durch endlose Wälder, über grundlose Moore, so kam er in ein fremdes Reich.

Dort herrschte ein mächtiger König, der war aber blind. Dieser König rief den Jungen zu sich vor seinen hohen goldenen Thron. „Woher kommst du? Wohin gehst du? Wonach suchst du?" – „Ich bin auf der Reise zur Sonne, Herr König, ich muss ihr eine Frage stellen." – „Zur Sonne gehst du, Sohn? Ich brauche einen Rat, den mir allein die Sonne geben kann. Willst du der Sonne, wenn du sie findest, eine zweite Frage stellen?" – „Das will ich gern, Herr König." – „Gut. So frag sie, warum ich blind geworden bin trotz meiner Macht. Bringst du mir die Antwort, gebe ich dir die Hälfte meines Reiches!"
Und auch der blinde König gab dem Jungen Reisegeld, und der zog weiter der Sonne nach, über hohe Berge und durch tiefe Täler, wo nichts zu sehen und zu hören war, bis er zum Ufer des Meeres kam. Unendlich schien das Meer, so weit, so tief, so wild. „Was soll ich nur tun?", dachte er. „Dort hinter dem Meer sinkt die Sonne nieder, aber wie komm ich dorthin?" Und wie er so am Ufer stand und nachsann, kam ein großer Fisch geschwommen, halb unter Wasser und halb darüber: Unter Wasser war er ganz wie ein Fisch, sein Rücken über dem Wasser aber funkelte wie glühende Kohle, das kam vom Glanz der Sonne.
„Woher kommst du? Wohin gehst du? Wonach suchst du?", fragte der Fisch. – „Ich bin auf der Reise zur Sonne. Zwei Fragen muss ich ihr stellen. Doch wie komm ich übers Meer?" – „Ich will dich auf meinem Rücken hinübertragen, wenn du der Sonne eine dritte Frage stellst. Warum kann ich nicht untertauchen im Meer wie die andern Fische? Willst du die Sonne das fragen?" – „Das will ich", sagte der Junge, und dann trug ihn der Fisch auf seinem Rücken über das Meer zum andern Ufer. „Komm wieder hierher zurück. Ich warte hier auf dich."
Der Junge nickte, dann wanderte er weiter durch glühendheiße trostlose Wüsten, wo kein Mensch zu sehen war und nicht einmal ein Vogel. So kommt er zum Ende der Welt. Und da sieht er, wie die Sonne grad vor ihm zu Boden sinkt. Sie ruht sich aus im Schoß ihrer Mutter. Er tritt näher, verneigt sich

und grüßt die Sonne. Die grüßt freundlich zurück, und da sagt der Küchenjunge, was er auf dem Herzen hat:
„Drei Fragen muss ich Euch stellen, edle Sonne. Mit der ersten hat mich mein König ausgesandt: er will wissen, warum Ihr am Morgen höher und höher steigt und Euch gegen Abend tiefer und tiefer zu Boden neigt." – „Mein Lieber, frag doch deinen König, warum er als Kind mehr und mehr gewachsen ist und sich im Alter immer mehr zu Boden neigt. Nicht anders ist es mit mir. Jeden Morgen bringt mich meine Mutter neu zur Welt als einen schönen Knaben, und jeden Abend begräbt sie mich in ihrem Schoß als schwachen Greis."
„Die zweite Frage gab mir ein mächtiger König mit, der nicht weiß, warum er blind geworden ist trotz all seiner Macht." – „Ach, mein Lieber, nicht trotz seiner Macht, nein, wegen seiner Macht ist er blind. Er wollte sein wie Gott, hat sich einen goldenen Thron machen lassen und darüber einen Himmel aus Glas, mit Sternen übersät. Nun glaubt er, von solchem Thron aus könne er aller Welt befehlen. Doch nur wenn er von seinem Thron heruntersteigt und sich vor Gott zur Erde neigt und den gläsernen Himmel zerschlägt, wird ihm sein Augenlicht zurückgegeben."
„Die dritte Frage stell ich für den großen Fisch, der mich übers Meer getragen hat. Warum kann er nicht untertauchen wie die andern Fische?" – „Weil er noch niemals Menschenfleisch gefressen hat. Doch verrate ihm die Antwort nicht, bis du sicher am anderen Ufer bist."
Da dankte der Küchenjunge und nahm Abschied. Und die Sonne schenkte ihm zu ihrem Rat noch eine Nuss, darin war ein Sonnenkleid aus lichten Strahlen.
So kam der Küchenjunge zurück zum Meeresufer, da wartete der Fisch schon auf ihn. „Weißt du die Antwort? Sag mir die Antwort! Warum kann ich nicht untertauchen im Meer?" Doch der Junge wollte nichts sagen, bevor er am anderen Ufer wäre. Also trug ihn der Fisch auf seinem Rücken übers Wasser. Aber auf halbem Weg fing er wieder an: „Wie kann ich hinunter ins Meer? Sags mir, oder ich werfe dich ins Wasser, dass du ertrin-

ken musst!“ – „Droh mir, soviel du willst, ich sag’ nichts, bevor wir drüben sind!“

Und als sie zum Ufer kamen, sprang der Junge vom Rücken des Fischs herunter, und erst als er ein gutes Stück an Land war, drehte er sich um rief zum Meer zurück: „Großer Fisch, großer Fisch, erst wenn du Menschenfleisch gefressen hast, kannst du untertauchen im Meer!“ Da geriet der Fisch in Wut, als wär’ der Teufel in ihn gefahren. Er peitschte das Meer mit seinem Schweif, dass die Wellen turmhoch übers Ufer rollten, und sie kamen dem Jungen nach: bis zu seinen Knöcheln, dann bis zu seinen Knien, endlich reichte ihm das Wasser bis zum Gürtel. Allein, er war schon zu weit an Land, da konnte ihm der Fisch nicht folgen. „Hat mich der Teufel jetzt nicht bekommen, so bekommt er mich nie!“

Und frohen Mutes zog der Junge weiter, dem Sonnenaufgang entgegen, und er fand seinen Weg ins Land des blinden Königs. Als der die Antwort der Sonne vernahm, stieg er von seinem Thron, warf sich in den Staub und ließ den gläsernen Himmel zerschlagen. Und gleich da sah er so hell, als sei er aus dem Grab an Gottes Sonnenlicht getreten. Und er schenkte, wie er versprochen hatte, dem Jungen das halbe Königreich. Nun war der Küchenjunge ein König geworden, doch er hielt sich nicht damit auf und eilte nach Haus.

Als er da endlich ankam, läuteten überall die Glocken und die Kirchentür stand weit offen. Und die Leute sagten, das wären die Hochzeitsglocken zur Hochzeit der Königstochter. Da öffnete der Junge die Nuss, warf das Sonnenkleid über und setzte sich in die Kirche, in die erste Bank.

Die Hochzeitsgäste wundern sich sehr über den schönen Fremden in dem lichten Kleid, sie flüstern, wer das denn sei, keiner kennt ihn. Dann kommt die Braut, aber die fragt nicht lange, wer da sitzt, die hat ihren Freund gleich erkannt. Und sie fliegt zu ihm und schließt ihn in die Arme, und die zwei sind nicht mehr zu trennen – und die Hochzeit mit dem andern, die fällt natürlich aus.

Dann tritt der Küchenjunge in seinem Sonnenkleid vor den alten König, und er erzählt von seiner Reise und warum die Sonne steigt und sinkt. Und die Königstochter steht an seiner Seite, und sie lässt seine Hand nicht los. Und als der alte König die Antwort hört, da segnet er das junge Paar, und steigt herab von seinem Thron. Und Küchenjunge und Königstochter treten vor den Altar, und nach der Hochzeit herrschen sie als König und Königin glücklich bis an ihr Grab.

(Aus Mähren, nach: Märchen aus Osteuropa, Wien 1979, Bearbeitung: Heinrich Dickerhoff)

Anders als Ring oder die Beutelratte ändert der Küchenjunge sich nicht, es ändert sich nur, wie ihn die anderen sehen; die Königstocher freilich liebt und erkennt ihn im Aschenkittel wie im Sonnenkleid. Mir scheint, der Küchenjunge weiß schon immer um das Gesetz und Geheimnis der Sonne: Der für uns sichtbare Weg der Sonne führt durch Aufgang und Untergang, aber ob sie uns leuchtet oder uns zu verlöschen scheint, die Sonne bleibt, was sie ist, sie erhebt sich immer neu aus der Dunkelheit, die ihr kein Grab ist, sondern ein Mutterschoß. Und Sonnenkinder wissen, dass ihr Licht nicht daran hängt, ob andere es sehen. Unbeirrt geht der Junge seinen Weg, lernt in drei Fragen das Geheimnis der Endlichkeit: Aufgang und Untergang haben ihre Zeit, Macht, die Unendlichkeit vorgaukelt, macht blind, die Kräfte der Tiefe können uns über Abgründe tragen, wenn wir ihnen nicht die Macht zusprechen, uns endgültig zu verschlingen. Das größte Wunder ist aber wohl die Wandlung der Könige, die von ihrem Thron steigen, ohne Bitterkeit und mit einem Segen.

Auch viele Märchen sind für mich wie das Geschenk der Sonne: eine kleine unscheinbare Nuss mit einem Sonnenkleid, die ich im rechten Augenblick öffnen muss, um mich in Licht zu hüllen.

(21) Das Perlenlied

Ich war noch ein kleines Kind und wohnte im Haus meines Vaters, im Haus des Großen Königs. Umgeben war ich von Reichtum und Macht, geborgen und glücklich bei denen, die mich erzogen.
Aber eines Tages schickten meine Eltern mich fort aus der Heimat, dem Morgenland, wo die Sonne aufgeht. „Du musst eine große Reise machen," sagten sie, „weit weg wirst du gehn bis in das Land der Abenddämmerung." Was ich für die Reise brauchte, lag schon bereit, ein Bündel, gefüllt mit Kostbarkeiten aus dem Schatzhaus, wertvoll, aber leicht zu tragen: Gold war darin und Silber und seltene Edelsteine. Und an meinem Gürtel fand ich einen Dolch aus Diamant, der schnitt durch Stein und Eisen. Doch ausziehen musste ich auf der Fahrt mein lichtes Strahlenkleid, gewebt aus der Liebe meiner Eltern, und den scharlachroten Königsmantel, der ganz genau auf meine Größe zugeschnitten war.
Und meine Eltern schlossen einen Vertrag mit mir, sie schrieben ihn mir ins Herz, nie sollte ich ihn vergessen:

„Steige hinab in das Dämmerland Ägypten,
dort finde die Perle, der nichts zu vergleichen ist.
Die ist mitten im Meer,
bewacht von einem schnaubenden Drachen.
Kommst du zurück
mit der Perle, der nichts zu vergleichen ist,
so wirst du dein Strahlenkleid wieder anziehn,
den kostbaren *Königs*mantel überwerfen.
Zusammen mit deinem Bruder,
dem Zweiten nach uns,
wirst du der Erbe unseres Reiches sein!"

So verließ ich *meine Heimat*, das Morgenland, begleitet von zwei Boten des Reiches, denn der Weg war schwierig und voller Gefahren, und ich war zu jung, um allein zu gehen. Über die Grenze ging ich bei Mesene, wo sich die Händler des ganzen Morgenlandes treffen, kam nach Babylon, kam durch das dunkle Gewirr seiner Mauern und stieg dann weiter hinab in das Dämmerland Ägypten; dort verließen mich meine Begleiter.

Ich aber ging geradewegs zu dem Drachen; nah bei *dem Abgrund*, wo er hauste, suchte ich eine Unterkunft. Und nun wartete ich, dass er die Augen schließen und einschlafen würde, dann wollte ich ihm die Perle entwinden.

Aber die Zeit verging, verging und verging, und die Augen des Drachen schlossen sich nicht, er blieb hellwach bei Tag und bei Nacht. Und ich war einsam und allein, keiner stand mir zur Seite, den anderen Gäste in der Herberge war ich fremd. Nur einmal traf ich einen aus meiner Heimat, dem Morgenland, einen jungen Edelmann, schön und liebenswert, dieser Fürstensohn wurde mein Freund, mein vertrauter Gefährte, und ich erzählte ihm von meinem Auftrag. Da warnte er mich vor den Dämmerland-Leuten. „Lass dich nicht ein mit ihnen," *sagte er,* „sie werden dich verderben!"

Ich aber *wollte nicht auffallen,* also *verkleidete ich mich*, kleidete ich mich wie die *Dämmerland-Leute*, sonst werden sie misstrauisch, dachte ich, und dann fragen sie sich, woher ich komme und was ich hier will, und am Ende ahnen sie, dass ich die geheimnisvolle Perle suche – und dann hetzen sie den Drachen auf mich!

Aber sie *durchschauten mich trotz meine Verkleidung,* ich fiel ihnen auf, sie merkten: „Der ist doch keiner von uns!", und sie überlisteten mich. Sie reichten mir den Becher, aus dem sie tranken – ich nahm ihn und ich trank und vergaß, sie gaben mir von dem, das sie aßen – und da vergaß ich, dass ich ein Königssohn bin. Ich benahm mich, als wär ich ein Knecht ihres Herren, *lebte wie einer aus dem Dämmerland, vergaß meinen Auftrag*, vergaß auch die Perle, die heimzuholen meine Eltern mich ausgesandt hatten. Und je mehr ich aß, *was sie aßen,* umso *müder und* träger wurde ich, ich versank in tiefen Schlaf.

All das, was mit mir geschah, erfuhren meine Eltern, und sie waren traurig. Und eine Botschaft erging in unser ganzes Reich: „Kommt her *zum Tor des Königs*, all ihr gekrönten Häupter Parthiens, all ihr Großen des Morgenlandes!"
Und sie kamen zusammen und fassten einen Beschluss: „Wir lassen ihn nicht im Stich im Land der Dämmerung!" Und sie schrieben mir einen Brief, den unterschrieben alle mit ihrem Namen:

„Von deinem Vater, dem König der Könige.
Von deiner Mutter, die im Morgenland regiert.
Von deinem Bruder, dem Zweiten in unserem Reich.
Du, unser Sohn im Dämmerland Ägypten, sei gegrüßt!
Wach auf!
Steh, auf aus deinem Schlaf!
Und höre, was unser Brief dir sagt!
Erinnere dich: du bist ein Königssohn!
Sieh doch, zu wessen Knecht du dich gemacht hast!
Denk an die Perle, *der nichts zu vergleichen ist,*
die du aus Ägypten holen wolltest!
Erinnere dich an dein Strahlenkleid,
denk an den scharlachroten *Königs*mantel!
Du sollst dich wieder mit ihnen schmücken,
dein Name soll zu lesen sein im Buch der Helden.
Du und dein Bruder, unser Stellvertreter,
ihr seid doch die Erben unseres Reiches!"

Und der König versiegelte diesen Brief, meinen Brief, *versiegelte ihn* mit seiner eigenen Rechten, so war er geschützt vor den bösen Söhnen Babylons, und vor den rebellischen Dämonen im *dunklen* Gewirr.
Und der Brief flog zu mir wie ein Adler, wie der König des Federvolks, flog zu mir und ließ sich bei mir nieder und wurde ganz Stimme, und von seinen Rufen und Rauschen wurde ich wach, und ich stand auf aus meinem *schweren* Schlaf. Ich nahm den Brief, ich küsste ihn, ich löste sein Siegel und las.

Und was dort geschrieben stand, das war auch eingeschrieben in mein Herz. Wie konnte ich nur vergessen, dass ich ein Königssohn bin? Wie konnte ich nur meine Freiheit vertun und meiner Berufung untreu werden? Doch jetzt dachte ich wieder an die Perle, und an meinen Auftrag: sie heimzuholen aus dem Land der Dämmerung,
Und ohne Furcht trat ich dem Ungeheuer entgegen; der Drache tobte und schnaubte *vor Wut,* doch ich warf einen Zauber auf ihn, bannte seinen Schrecken

mit dem Namen des Vaters,
und dem Namen meines Bruders,
des Zweiten in unserem *Reich,*
und dem Namen meiner Mutter,
die im Morgenland regiert.

Da wurde *die Große Schlange* müde, ich *sang* sie in Schlummer und Schlaf, *die Augen fielen ihr zu, sie sank zu Boden,* und ich entriss *ihren Klauen* die Perle, *der nichts zu vergleichen ist.* Dann kehrte ich um zum Haus meines Vaters. Das Schmutzkleid der Dämmerland-Leute warf ich ab, *den Kittel der Knechtschaft* ließ ich im fremden Land zurück. Und ging meinen Weg ins Licht unsrer Heimat, dem Sonnenaufgang entgegen. Und der Brief, der mich aufgeweckt hatte, der ging mir voran auf dem Weg. Seine Stimme hatte mich wach werden lassen, nun leitete mich sein Licht – rot leuchtete die Schrift auf chinesischer Seide. So geführt und ermutigt eilte ich heim, und die Liebe, die aus diesem Brief sprach, gab mir Kraft. *Unbehelligt* ging ich durch das dunkle Gewirr, ließ Babylon links liegen, kam nach Mesene, der großen Stadt, dem Hafen der Händler am Ufer des Meeres. Doch in den Bergen von Hyrkanien kamen mir, von meinen Eltern gesandt, die treuen Hüter ihrer Schätze entgegen, sie hatten den Auftrag bekommen, mir etwas zu übergeben: mein Strahlenkleid, das ich *als Kind* abgelegt hatte, und den kostbaren Königsmantel, den ich einst darüber trug.

Zwar war mir meine Würde *in der Fremde* fremd geworden, *ich konnte mich kaum an meine edlen Gewänder erinnern,* ich war ja noch ein Kind, als ich mein Vaterhaus verließ. Doch plötzlich, als ich's vor mir sah, erkannte ich mich in dem Strahlenkleid, wie in einem Spiegel fand ich mich selbst darin, ich sah es in mir, und ich sah mich in ihm, wir waren zwei, voneinander verschieden, und doch auch ein und dasselbe. Und ich sah: Auch die Hüter der Schätze, die mir das Kleid entgegenbrachten, waren zwei und doch eine Gestalt, beide trugen das Zeichen des Königs, und in Seinem Namen überreichten sie mir das kostbare Pfand, das ich zurückgelassen hatte, mein leuchtend buntes Strahlenkleid, verziert mit Gold und Edelsteinen und Spangen aus Diamant.
Und aufgemalt auf das *Spiegel*-Kleid war überall – blau wie Saphir– des Königs der Könige Bild. Und weiter sah ich: Das Kleid sprühte Funken, so als blitzte geheime Erkenntnis auf. Und ich hörte eine Stimme, die flüstert und singt in mein Ohr:

„Ich gehöre *noch immer* zu dir,
denn tapfer bist du gewesen
und du hast deinen Auftrag erfüllt.
Und ich bin groß geworden vor *deinem* Vater –
„wie du, bin gewachsen *mit dir,* mit deinen Taten!"

Und das Kleid bewegte sich, als wäre es lebendig, es kam auf mich zu, aufrecht wie ein König, und *ich sah*, es passte mir wie angegossen, es streckte sich nach mir aus, und ich lief ihm entgegen, und es hüllte mich ein und füllte mich aus. Und ich richtete mich auf, geschmückt mit der Schönheit seiner Farben, auch mein scharlachroter Königsmantel legte sich um mich.
So mit Glanz umkleidet stieg ich empor zu dem Tor, wo man den König grüßt und ehrt, ich neigte mein Haupt und beugte die Knie vor dem Glanz meines Vaters, der mir mein kostbares Kleid geschenkt. Seinen Auftrag hatte ich erfüllt, Er würde Sein Versprechen halten.

Am Fürstentor reihte ich mich ein in die große Schar, doch der König der Könige kam auf mich zu: „Willkommen", rief Er, „wie freue ich mich, dass du heimgekommen bist in mein Reich!" – und es klang wie Musik und wie ein Segen – „Das Tor ist immer offen für dich! Komm herein!" Und ich lief zu Ihm, und Er nahm mich in Seine Arme, und ich gab ihm, was ich mitgebracht hatte von meiner Reise: die Perle, der nichts zu vergleichen ist.

(Aus den frühchristlichen Thomas-Akten, Text nach O.Betz/T. Schramm, Perlenlied und Thomasevangelium, 1993 und W.Schneemelcher, Neutestamentliche Apokryphen, Bd.2, ^{6}1999 sowie H. Daniel-Rops, Die apokryphen Evangelien des Neuen Testamentes 1956, Bearbeitung: Heinrich Dickerhoff; *kleinere Ergänzungen zum besseren Verständnis sowie eine eigene Rekonstruktion der unklaren Schlussszene in Kursivschrift von Heinrich Dickerhoff.*)

Dieses frühchristliche Märchen – wohl um 200 nach Christus in Syrien niedergeschrieben und erhalten innerhalb der Thomas-Akten aus dem 3. oder 4. Jahrhundert – war über Jahrhunderte verschollen wie viele Überlieferungen der sogenannten Gnosis. Die Gnosis – das Wort bedeutet Erkenntnis, Einsicht – war eine Richtung im frühen Christentum, die den Glauben weniger an der Autorität der kirchlichen Leitungsämter festmachen wollte als an der inneren Erfahrung und Bewusstwerdung der Glaubenden. Manche Vorstellungen der Gnosis finden wir ähnlich in der mittelalterlichen Mystik oder der modernen Esoterik. Das Perlenlied, in dem manche Wissenschaftler den „Ur-Mythos", *die* Schlüsselgeschichte der Gnosis sehen, deutet den Lebensweg in Bildern, die wir auch aus vielen Volksmärchen kennen: Ein Menschenkind wird aus seiner Heimat in die Welt geschickt, um einen kostbaren Schatz heimzuholen, eine Perle, die wir sicher als seine „Seele" verstehen dürfen, als sein Wesen, sein „wahres Ich." In der Fremde verliert sich das Menschenkind, doch seine Familie gibt es nicht auf, sondern schickt ihm eine Botschaft, durch die es aufgeweckt wird aus seinem Dämmerschlaf. Es bannt den Drachen, der die Perlen bewacht, überwindet die Angst im Namen des (himmlischen) Vaters, im Namen seines (älteren) Bruders (Christus), und im Namen seiner Mutter (der „Sophia", dem Geist, dem Atem, der alles durchströmenden Lebenskraft Gottes, die in der Alten Kirche oft weiblich dargestellt wurde). Und das Menschenkind findet heim, wo es mit Freuden aufgenommen wird.

8 Märchen vom Kampf zwischen Tod und Liebe

Das eine große Thema des Lebens, des Glaubens und der Märchen ist der eigene Weg, die „Ich-Werdung". Ein zweites Thema aber hat die Menschen ebenso beschäftigt und sich in den religiösen Hoffnungen wie in den Märchen ebenso oft gespiegelt: der Kampf zwischen Tod und Liebe, den stärksten, aber einander widersprechenden Erfahrungen, die wir Menschen machen. Tod ist in den Märchen wie in den Psalmen nicht nur der biologische Exitus, sondern all die hoffnungslosen Abschiede und Abbrüche mitten im Leben, die uns spüren lassen: *Es ist alles aus* ! Jede wahre Liebe aber sagt: *Es muss dich unbedingt geben,* sie widerspricht dem lebensverneinenden Tod. Darum können wir am Ende nur einem dieser beiden großen Gegenspieler glauben: dem endgültigen Tod (den zweiten Tod nennt Franziskus ihn im Sonnengesang) und meiner Verzweiflung über ihn, oder der endgültigen Liebe, die nicht enden will, und meiner Sehnsucht nach ihr. Zwar gibt es über den Tod auch düstere, ja absurde und verstörende Märchen, doch weit häufiger spricht sich in Märchen die Hoffnung aus, dass der Tod seine Macht oder doch seinen Schrecken verliert.

Das erste Märchen dieser Reihe stammt vom Balkan: (22) *Die drei goldenen Haare,* hier sind Leben und Tod nur ein Gestaltenwechsel im Kreis-Lauf der Zeit. Völlig absurd hingegen erscheint der Tod im Grimmschen Märchen (23) *Herr Korbes.* Mit sanften, doch gerade darum verstörenden Bildern erzählt das dänische Märchen (24) *Die Elfenkinder* von der wohl schlimmsten Todes-Angst, dem Verlust der Kinder. Auch in dem Zigeunermärchen (25) *Der Tod als Geliebter* wird der Todes-Schreck spürbar, freilich auch die eigenartige Nähe von Tod und Liebe. Vom Widerstreit zwischen Liebe und Tod erzählt das armenische (26) *Das Glück des Tagelöhners.* Unterschiedliche Erfahrungen mit Toten und Tod spiegeln sich in dem norwegischen Sagenmärchen (27) *Die Toten aus dem Meer und die Toten auf dem Land.* Mit zwei in ihren Bildern unterschiedlichen, in ihrer Botschaft aber ähnlichen Erzählungen vom Sieg der Liebe über den Tod endet diese Reihe: (28) *Die Skelettfrau*, ein Märchen der Inuit/Eskimo, und dem schwedischen Zigeunermärchen (29) *Der Tod und das Knäckebrot.*

(22) Die drei goldenen Haare

Es war einmal ein alter Mann. Mitten in der Nacht, in einer dunklen Nacht, ging er durch den Wald. Sein Licht war fast abgebrannt, und nur mühsam fand er seinen Weg. Da sieht er in der Ferne einen Schein, und Rauch steigt auf. Er geht darauf zu, und als er die Waldhütte erreicht, ist sein Licht niedergebrannt. Kaum, dass er die Tür aufgestoßen hat, sinkt er erschöpft zu Boden.

Am Feuer sitzt eine uralte Frau. Als sie den Mann sieht, steht sie auf, geht zu ihm und trägt ihn zum Feuer. Da wiegt sie ihn in ihrem Schoß, und sie summt dazu: „m-mh, m-mh, m-mh", sie wiegt ihn in Schlaf. Die ganze Nacht lang wiegt sie ihn und singt dazu ein altes Lied.

Noch vor Morgengrauen ist aus dem Alten ein junger Mann geworden, ein Jüngling mit goldenem Haar. Und die Alte singt weiter: „m-mh, m-mh, m-mh", und der Jüngling schläft.

Als der Morgen dämmert, ist aus dem Jüngling ein Knabe geworden, und als die Nacht dem Morgen weicht, da zupft die Alte dem Kind drei goldene Haare aus und wirft sie zu Boden: „ping – ping – ping."

Da wacht das Kind auf, die Alte lässt den Knaben von ihrem Schoß, er läuft zur Tür, öffnet sie, und als Morgensonne steigt er zum Himmel hinauf!

(vom Balkan/Rumänien, nach Clarissa Pinkola Estes, Die Wolfsfrau, 1993, Bearbeitung: Heinrich Dickerhoff)

Dieses in seinen Motiven und seiner Logik uralte, ja mythische Märchen erzählt auf einer ersten Ebene von einer kosmischen Erfahrung: Der alte Mann ist, wie sich am Ende zeigt, die Sonne, die sich ewig dreht im Kreis von Auf- und Untergang, die nicht mehr sind als Durchgangsstufen einer ewigen Wiederkehr. Schon in Urzeiten haben die Menschen aber die kosmischen Gesetze nicht „an sich" betrachtet, sondern mit der Frage, ob sich in ihnen nicht auch das Menschen-Schicksal andeutet. Der Tod hat hier keine bedrohliche Seite, er ist ein dunkler Schoß der Neugeburt. Ob hochindividualisierte Abendländer den Tod aber wirklich so „abgerundet" erleben können?

(23) Herr Korbes

Es war einmal ein Hühnchen und ein Hähnchen, die wollten zusammen eine Reise machen. Da baute das Hähnchen einen schönen Wagen, der vier rote Räder hatte, und spannte vier Mäuschen davor, dann setzte sich das Hühnchen mit dem Hähnchen auf, und so fuhren sie fort.
Da begegnete ihnen eine Katze, die sprach: „Wo wollt ihr hin?"
Hähnchen antwortete:

„Als hinaus
nach dem Herrn Korbes seinem Haus."

„Nehmt mich mit!" sprach die Katze.
Hähnchen antwortete: „Recht gerne, liebe Katze, aber setz dich hinten auf, dass du vorne nicht herabfällst:

Nehmt euch wohl in acht,
dass ihr meine roten Räderchen nicht schmutzig macht.
Ihr Räderchen schweift!
Ihr Mäuschen pfeift!

Als hinaus
nach dem Herrn Korbes seinem Haus."

Danach kam noch ein Mühlstein, dann ein Ei, dann eine Ente, dann eine Stecknadel und zuletzt eine Nähnadel, die setzten sich auch alle auf den Wagen und fuhren mit.
Wie sie aber zu des Herrn Korbes Haus kamen, so war der Herr Korbes nicht da. Die Mäuschen fuhren den Wagen in die Scheune, das Hühnchen flog mit dem Hähnchen auf eine Stange, die Katze setzte sich in den Kamin, die Ente in das Wasserfass, das Ei wickelte sich ins Handtuch, die Stecknadel steckte sich ins Stuhlkissen, die Nähnadel sprang aufs Bett mitten ins Kopfkissen, und der Mühlstein legte sich über die Türe.
Da kam der Herr Korbes nach Haus, ging an den Kamin und wollte Feuer anmachen, da warf ihm die Katze das ganze Gesicht voll Asche. Er lief geschwind in die Küche und wollte sich abwaschen, da spritzte ihm die Ente Wasser ins Gesicht. Er wollte sich an dem Handtuch abtrocknen, aber das Ei rollte ihm entgegen, zerbrach und klebte ihm die Augen zu. Er wollte sich ruhen und setzte sich auf den Stuhl, da stach ihn die Stecknadel.
Darüber ward er ganz verdrießlich und warf sich aufs Bett, und wie er den Kopf aufs Kissen legte, stach ihn die Nähnadel; da ward er so bös und toll, dass er zum Haus hinauslaufen wollte, wie er aber an die Türe kam, sprang der Mühlstein herunter und schlug ihn tot.
(Grimm Kinder- und Hausmärchen 1819/57)

Eine Geschichte wie ein absurdes Theater. Es gibt eine Reihe von Kindermärchen um Hähnchen und Hühnchen, aber immer wieder mischt sich in diese Geschichten ein boshafter Zug, ein gemeiner Ton. Vielleicht ist es oft nur kindliche Schadenfreude; aber in dieser Geschichte um die Reise von Hähnchen und Hühnchen zu Herrn

Korbes geht es darüber weit hinaus. Es beginnt als harmlose Spazierfahrt, und dann wird etwas in Gang gesetzt, bei dem einer unter die Räder kommt, und es wird uns mit keinem Wort verraten, warum.
In der letzten Ausgabe zu Lebzeiten der Brüder Grimm hat Wilhelm Grimm einen Schlusssatz eingefügt, mit dem er die Absurdität wohl aufheben wollte: „Der Herr Korbes muss ein sehr böser Mann gewesen sein," heißt es da. Als ob das so einfach wäre. Als ob immer nur die Bösen unter die Räder kämen. Moderne Interpreten meinen manchmal, der Fehler des Herrn Korbes sei, nicht zu Hause gewesen zu sein. Aber weder im Märchen noch im Leben ist es ein besonderes Verdienst, nie vor die eigene Türe zu gehen. Mir scheint, wir müssen aushalten, dass dieses Märchen sinnlos ist, sinnlos wie die Worte, die das Hähnchen ruft, dass grundlos Böses über einen Menschen hereinbricht, dass der Mühlstein wie ein nur absurder Tod auf einen Menschen fällt, für den das Leben zum Davonlaufen ist. Es ist ein untypisches Märchen, aber als Gegenstimme gegen einen ganz „abgerundeten" Tod vielleicht notwendig.

(24) Die Elfenkinder

Zwei Bauersleute hatten ein Kind, ein kleines Mädchen. Sie wohnten mitten in einem großen Wald.
An einem schönen Sommerabend ging die Kleine hinaus und spielte mit den Blumen, pflückte sie und band sie zu Kränzen. Da kommt aus dem Wald ein schönes fremdes Kind zu ihr, das zeigt ihr Blumen, die sie noch nie gesehen hat, und diese Blumen sind schöner als die Abendröte. „Komm mit mir", sagt das fremde Kind, „ich zeige dir, wo diese Blumen wachsen." Da bekommt das Mädchen große Lust, solche Blumen zu finden und zu pflücken, und sie geht mit dem fremden Kind. Und das führt sie zwischen Erlenbüschen immer tiefer in den Wald hinein.

Die Mutter sah das von weitem, sie rief ihr Kind, sie lief ihm nach. Aber das Kind war schon so weit fort, sie wusste nicht, wo es geblieben war. Sie lief nach Haus zu ihrem Mann, sie erzählte ihm, was geschehen war, und dann suchten sie gemeinsam den Abend und die ganze Nacht hindurch. Aber endlich mussten sie doch allein zurück, ihr Mädchen war nirgends zu finden. Sie weinten und trauerten um ihr Kind, aber auch Trauer und Tränen brachten es nicht zurück.
Doch einmal, in einer klaren Vollmondnacht, lag die Mutter noch wach im Bett und konnte wieder nicht einschlafen vor Kummer. Und wie sie so dalag und auf den Fußboden starrte, sieht sie ihr Kind, das sitzt beim Ofen auf einem kleinen Stühlchen und spielt mit Blumen. Da wird ihr so leicht ums Herz, sie springt auf und will ihr Kind in die Arme schließen. Aber im gleichen Augenblick ist es verschwunden.
Jahre vergingen, die Eltern sahen ihr Mädchen nicht wieder. Sie bekamen aber noch ein Kind, einen schönen Jungen, da weinten sie nicht mehr so oft um ihr verlorenes Mädchen.
An einem schönen Sommerabend ging der kleine Junge hinaus und spielte draußen vor der Hütte, pflückte viele bunte Blumen und schmückte damit ein kleines Grab, das hatte er für seine Schwester abgesteckt. Da kommen aus dem Wald viele kleine Kinder, die umringen ihn, sie sprechen mit ihm, dann gehen sie Hand in Hand mit ihm fort in den Wald hinein. Die Eltern hatten das von weitem gesehen, sie erschraken und liefen den Kindern nach, so schnell sie nur konnten, sie durchforschten den ganzen Wald, ihren lieben Jungen aber fanden sie nicht. Da wussten sie keinen Rat mehr für ihren Schmerz. Oft, wenn sie in den Wald gingen und Weidenzweige schnitten, sahen sie viele kleine Kinder, die mit den Blumen spielten, und mitten in der Schar auch ihre eigenen Kinder. Doch wenn sie zu ihnen liefen und sie beim Namen riefen, verschwand die ganze Kinderschar. Und da war nichts als die alten vertrockneten Weiden. Da starb die Mutter vor Kummer. Der Mann grub auf dem Kirchhof ein Grab und legte seine Frau hinein. Am Abend saß er allein in der Stube und starrte aus dem Fenster.

Es war eine klare Vollmondnacht. Da sieht er draußen zwei Kinder vorübergehn, die tragen schöne Blumen in den Händen. Er läuft hinaus, da sieht er, die beiden Kinder gehen auf dem Weg, der zum Kirchhof führt. Viele andere Kinder sieht er auch, aber die gehen nicht auf dem Weg, sondern über die Wiesen und Äcker, und sie bleiben am Rand des Kirchhofs stehen. Die beiden Kinder auf dem Weg aber gehen zum Grab seiner Frau, legen ihre Blumen darauf, setzen sich nieder und weinen. Da ruft der Vater sie beim Namen – da sind sie fort, aber auf dem Grab liegen die schönsten Blumen. Von dieser Nacht an aber hat der Mann die Kinder niemals wiedergesehen.

(Aus Dänemark, nach: Märchen der Welt [Insel-Verlag], Dänische Märchen, Bearbeitung: Heinrich Dickerhoff)

Traurig endet dieses Märchen, aber doch nicht einfach trostlos. Zwar sind die in die Anderswelt entführten Kinder für die Zurückgebliebenen nicht mehr greifbar, wer das versucht, verliert sie, aber die Kinder sind weder in der Hölle noch im Nichts. Und die Verbindung zu ihnen liegt zwar nicht mehr in unserer Hand, doch sie ist nicht völlig abgebrochen. Das Märchen spricht Verlustängste an und aus. Werde ich meine Kinder verlieren? An den Tod? An das Leben? Und Kinder sind Sinnbild der Zukunft. Wie werde ich den Verlust, das Verschwinden meiner Zukunft in dieser Welt ertragen? Werde ich wissen, dass ich nichts festhalten kann, was gegangen ist. Werde ich die Blumen auf dem Grab entdecken, ihre Botschaft verstehen?

(25) Der Tod als Geliebter

Da war einmal eine Frau, jung war sie und schön, doch sie hatte keinen Mann, auch keinen Vater und keine Mutter, keine

Brüder, keine Schwestern, keine Freunde – die waren alle schon tot. Sie lebte ganz allein in einem kleinen Haus am Rande der Stadt. Niemand kam zu ihr, und zu niemandem ging sie hin.
Doch an einem Abend ging die Tür auf und ein Fremder trat ein. „Ich bin so lange durch die Welt gewandert", sagte er, „nun muss ich rasten. Ich kann nicht mehr weiter." Die Frau sah den fremden Wanderer an, er war schön, er gefiel ihr, und so sagte sie: „Bleib ruhig hier! Ich habe ein Bett, darin kannst du schlafen. Und essen und trinken sollst du auch, wenn du willst." Doch der Wanderer legte sich gleich nieder: „So lange habe ich nicht geruht", sagte er, „jetzt finde ich endlich einmal wieder Schlaf." – „Wie lange hast du denn nicht mehr geschlafen?", fragte die junge Frau. „Ach, liebe Frau", sagte der Fremde, „in tausend Jahren schlafe ich nicht mehr als sieben Nächte!" Da lachte die Frau: „Du scherzt, nicht wahr? Du bist ein schlimmer Mann!" Doch der Wanderer war schon eingeschlafen.
In der Frühe aber, als er aufstand, sagte er: „Du bist eine schöne junge Frau. Wenn du willst, so bleibe ich noch sieben Tage hier bei dir und sieben Nächte." Da stimmte die Frau gleich zu, denn sie liebte den schönen Fremden schon.
So blieb er sieben Tage bei ihr, und siebenmal schliefen sie zusammen ein. Doch in der siebten Nacht weckte die Frau den Fremden auf. „Lieber Mann", sagte sie, „ich hatte einen bösen Traum. Ich träumte, du wärst ganz kalt und weiß geworden, und wir sind auf einem großen Wagen gefahren, den haben sechs weiße Vögel gezogen. Und dann hast du in ein großes Horn geblasen, da kamen von allen Seiten Tote herbei, die riefen: Endlich! Unser König ist gekommen, uns zu holen!, und sie zogen mit dir."
„Ja, das ist ein böser Traum", sagte der Mann und stand auf. „Ich muss jetzt weiter, in der Welt ist zu lange niemand mehr gestorben. Lass mich los, Geliebte, ich muss gehn!"
„Geliebter, geh nicht fort!", rief die Frau unter Tränen. „Verlass mich nicht! Bleib bei mir!" – „Ich muss gehn! Behüt, dich Gott."

Der Mann umarmte sie zum Abschied, sie aber schluchzte: „Dann sag mir doch, Liebster, wer bist du denn?“ – „Nein“, sprach der Wanderer, „denn wer das erfährt, der muss sterben. Frag mich, soviel du willst, ich sage nicht, wer ich bin!“ – „Ach, alles, alles will ich erdulden“, rief die Frau, „aber sage mir doch, wer du bist!“ – „Nun gut“, sagte der Wanderer, „dann kommst du mit mir! Ich bin der Tod!“
Und die junge Frau erschrak und starb!
Andere aber erzählen, sie habe dem Tod, als sie ihn erkannte, die Hand gereicht und sei lächelnd mit ihm aus der Tür gegangen.
(Zigeunermärchen aus Transsylvanien, nach: Märchen aus Europa, Bearbeitung: Heinrich Dickerhoff)

Tod und Liebe sind nicht nur Gegenspieler, sie sind auch – wie Teufel und Engel – einander verwandt. Denn wer Liebe wagt, setzt sich auch dem Verlust aus, hat viel zu verlieren. Wer wenig liebt und lebt, stirbt wenig, wer viel liebt, der macht sich verletzbarer. Und weil es diese Verwandtschaft gibt, darum ist der Tod in Märchen oft keine unsympathische Gestalt, nicht unbedingt der „Zweite Tod“, die endgültige Lebensverneinung, sondern eher das Ende einer Lebensgestalt.
In diesen Märchen gewinnt ein trotz Schönheit und Jugend einsamer, isolierter Mensch den Tod als „Lebensabschnittsgefährten“, und die junge Frau muss ihn wieder gehen lassen, oder selbst in den Tod gehen. Liebe ist Freude und Schmerz – in der christlichen Bildersprache zeigt dies unübertroffen die Pietà, die „schmerzhafte Mutter“.
Das Märchen endet doppeldeutig. Ist der Tod der Frau das „Aus“ für ihre Liebe, oder geht sie aus Liebe mit bis in das „Reich des Todes“? Mich erinnert das Märchen an eine Grundfrage des Glaubens, die – sehr vereinfacht – zwischen Buddhismus und Christentum unterscheidet. Der Buddhismus, vor dem ich große Hochachtung habe,

lehrt, dass alle Leidenschaft Leiden schafft, dass, wer sich vom Leid befreien will, sich lösen muss von allem Hass und aller Liebe, die am Leben hängt. Das Christentum lehrt, dass Liebe die letzte Wahrheit ist, die uns freilich – in dieser Welt – schmerzen, ja zerreißen kann wie den gekreuzigten Christus.

(26) Das Glück des Tagelöhners

Es war einmal ein armer Tagelöhner, der lebte glücklich und zufrieden mit seiner Frau und seinen Kindern in einem kleinen Haus am Rand des großen Waldes. Er fällte Bäume, hackte Holz, schnitt Bretter zu und verdiente so sein tägliches Brot. Das war eine schwere, mühsame Arbeit, viel Schweiß für wenig Lohn, und doch klang am Abend meist Lachen und Singen aus dem kleinen Haus, so dass die Leute sich verwunderten.
Auch der König, der auf dem Weg zum Schloss oft an dem kleinen Haus vorbeikam, hörte das Singen und Lachen. Erst war auch er verwundert, dann verärgert, schließlich war er ganz empört: „Was haben Tagelöhner zu lachen?“ Und er schickte seine Soldaten zu dem kleinen Haus.
„Höre, Holzhacker“, sagte der Hauptmann der Soldaten, „dies befiehlt dir unser Herr, der König: Fülle bis zum Morgengrauen fünfzig Sack mit Sägemehl, und schaffst du das nicht, so seid ihr alle des Todes, du, deine Frau und deine Kinder!“
Der Tagelöhner erschrak. „Fünfzig Säcke Sägemehl! In einer Nacht! Das kann kein Mensch schaffen. Ach, wir sind verloren.“ Seine Frau aber tröstete ihn und sprach: „Mein Lieber, wir haben ein gutes Leben gehabt. Wir hatten uns und unsere Kinder, wir hatten Freunde und Freude genug. Die fünfzig Säcke können wir doch nie bis zum Morgen füllen. Darum lass uns in dieser Nacht noch einmal unser glückliches Leben feiern, mit unseren Kindern und Freunden. So, wie wir gelebt haben, wollen wir auch dem Tod entgegengehn!“
Und sie riefen ihre Kinder und luden ihre Freunde ein und

feierten in dieser Nacht noch einmal ein Fest, sangen und lachten und waren glücklich bis zum Morgengrauen. Dann schliefen die Kinder ein, und die Freunde gingen, einer nach dem andern, und dann war der Tagelöhner allein mit seiner Frau. Sie standen am Fenster und warteten auf die Morgensonne. Und da überfiel sie die Traurigkeit. „Nun ist es aus mit uns", sagte die Frau, „ach, es ist schwer, das Leben zu lassen, wenn es so glücklich war." – „Lass gut sein", sagte der Mann, „es ist doch besser, dankbar für all unser Glück zu sterben als weiterzuleben in ständiger Angst und Traurigkeit."
Da klopfte es an die Tür. „Das werden die Männer des Königs sein", sagte der Tagelöhner. Noch einmal umarmte er seine Frau, dann machte er die Tür weit auf. Draußen stand der Hauptmann des Königs. Nur zögernd trat er über die Schwelle, und lange schwieg er. „Höre, Holzhacker", sagte er dann, „schneide zwölf Eichenbretter für einen Sarg. In dieser Nacht ist der König gestorben."

(Aus Armenien, mir mündlich zugetragen, Bearbeitung: Heinrich Dickerhoff)

Ein Weisheitsmärchen, keine Geschichte von unerklärlichem Zauber, kein Rumpelstilzchen bietet seine magische Hilfe an, auch keine moderne Predigt über die Solidarität, die Freunde bringen nicht jeder ein Säckchen Sägemehl mit. Nein es gibt Herausforderungen, die kann uns niemand abnehmen – und auch der Tod gehört dazu und das Sterben.
Auch in diesem Märchen ist der Tod doppeldeutig. Er ist zunächst die große Gefahr, die der König auf das Leben des Tagelöhners und seiner Familie wirft, und doch auch ihre Rettung vor dem, der sich zum Herrn über Leben und Tod aufspielt. Alle Menschenmacht hat im Tod ein Ende. Und zugleich zeigt sich im Todesschatten, was bleibend gültig ist, die Liebe zum anderen, die Treue zu sich selbst. Ich wünsche mir, ich könnte dem Tod so entgegengehen wie der Tagelöhner und seine Frau. Sie lassen dem König keine Macht über

ihre Seele, sie bleiben sich und ihrem Weg treu: „So, wie wir gelebt haben, wollen wir auch dem Tod entgegen gehen." Sie flüchten angesichts des nahen Todes nicht blind in besinnungsloses Vergnügen, sie feiern in Dankbarkeit. Und wo einer den Mut verliert, tröstet ihn der andere.

(27) Die Toten aus dem Meer und die Toten auf dem Land

Es war an einem Heiligen Abend in einem Hafen und Handelsplatz hoch im Norden auf den Lofoten, wo die Fischer ihren Fang verkaufen und sich neu ausrüsten zur Fahrt. Dort in Gulldall, so hieß der Ort, stand zwischen Fischerhütten und Kaufmannshäusern auch eine Kirche mit einem Friedhof, wie es sich gehört.

Überall in Gulldall wurde Weihnachten gefeiert mit Suppe, Fisch und Braten, mit Julbier und Branntwein: das erste Glas zum Anwärmen, das zweite für die Verdauung, das dritte, um in die richtige Weihnachtsstimmung zu kommen. So kam es, dass im Hause eines reichen Kaufmanns die Branntweinkanne schon vor Mitternacht leer war, und da musste der Lehrjunge zum Hafen hinunter und die Kanne wieder füllen aus der Branntweintonne im Packhaus.

Es war nicht kalt in dieser Weihnachtsnacht und es lag kein Schnee, aber vom Meer wehte ein böiger Wind und es regnete in Strömen. Der Junge lief zum Hafen hinunter, sprang die hölzerne Treppe zum Lagerhaus hoch, stellte die Kanne unters Fass und drehte den Zapfhahn auf. Dann wartete er, während der Schnaps aus der Tonne in die Kanne gluckerte.

Aber ihm war so seltsam zumute in dieser Nacht. Und als er sich einmal umdrehte und zur Tür sah, kauerte da etwas auf der Schwelle: Es schien durchsichtig, hatte aber Haare, lang und ausgebleicht und strähnig, Augen, riesig und starr, um die ganze Gestalt schimmerte es grünlich wie Meeresleuchten, sie

war so groß, dass sie die ganze Tür ausfüllte – unmöglich, an ihr vorbeizukommen – und sie schien noch zu wachsen.
Der Junge wusste, das musste ein Draug sein, einer, der sein Leben im Meer gelassen hatte und nur zurückkommt, um einen lebenden Menschen mit sich zu ziehen in die Tiefe.
Und da sprach der Draug ihn an mit einer Stimme, die aus dem Meer zu kommen schien: „Junge, es ist Heilige Nacht. Und mir ist so kalt. Gib mir doch von deinem Lebenswasser, gib mir einen Schnaps."
„Den sollst du haben", rief der Junge, dann schleuderte er seine Kanne mit aller Kraft gegen den Draug. Der taumelte zurück und stürzte die Treppe hinunter. Unten wimmerte und stöhnte es, aber die Tür war frei, und der Junge sprang hinaus und lief davon.
Er lief so schnell wie nie zuvor in seinem Leben, aber ihm war, als käme er gar nicht voran. Hinter ihm rauschte das Meer, Welle auf Welle, als käme es immer näher, es wogte hinter ihm her wie das Getöse von vielen hundert Männern. Auch der Geruch des Meeres wurde immer stärker, es roch nach Salz und Tang und nach verfaultem Fisch. Der Junge war wie gelähmt. Da schlug die Kirchturmuhr, das brachte ihn wieder zur Besinnung. Er lief zum Kirchhof, sprang über die Friedhofsmauer und schrie:

„Steht auf, ihr Christenseelen, steht auf!
Die Toten aus dem Meer sind hinter mir her.
Steht auf, ihr Christenseelen, und helft mir!"

Dabei stolperte er weiter über die Gräber, fiel über Kreuze und Steine, bis er die Mauer auf der anderen Seite erreichte. Mit letzter Kraft schwang er sich hinüber.
Hinter sich auf dem Friedhof hörte er es rumoren, es knirschte und knarrte, polterte und dröhnte, erst war's noch unter der Erde, dann war's, als bräche die Erde auf. Und dann klang es wie ein lautloser Kampf, dumpfe Schläge und zersplitterndes Holz, aber keines Menschen Stimme war zu hören.

Der Junge lief weiter und fand, er wusste selbst nicht wie, zurück nach Haus. Dort ging er sofort zu Bett, denn er wusste, dass man von solchen Erlebnissen nicht erzählen soll, ehe es Morgen geworden ist, ehe man einmal darüber geschlafen hat. Am Weihnachtsmorgen beim Kirchgang fanden die Leute den ganzen Kirchhof übersät mit umgestürzten Steinen und mit Brettern von den Särgen, so als hätten die Verstorbenen sie als Waffen benutzt. Und daneben lagen zerbrochene Ruder und Planken von längst gesunkenen Schiffen, Ankerketten und Enterhaken, als wären's die Waffen der Draugs gewesen.
(Aus Norwegen, nach Asbjörnsen/Moe, Samlede eventyr, sowie: Die Kormorane von Utröst. Norwegische Volksmärchen, Bearbeitung: Heinrich Dickerhoff)

Wo Weihnachten – vor allem in skandinavischen Märchen – vorkommt, ist es noch nahe am vorchristlich-unheimlichen Fest der Wintersonnenwende; in dieser Zeit der kürzesten Tage und der längsten Nächte, der Raunächte, ging die Wilde Jagd um und Trolle und Untote drangen ein in die Menschenwelt. Erst das Christentum hat diese unheimliche Weih-Nacht „umgetauft" zur Heiligen Nacht, in der ein Licht aufgeht.
Auch unser – nicht sehr altes – Sagenmärchen erinnert noch an den frühmittelalterlichen Konflikt zwischen vorchristlicher und christlicher Welt-Sicht, der sich zeigt in den unterschiedlichen Toten. Die Toten im Meer, die nicht in geweihter Erde ruhen, bedrohen die Lebenden; aber die Christenseelen, die in Frieden ruhen, schützen die Menschenwelt vor dem Angriff aus der Tiefe.
Logisch betrachtet können Ertrunkene natürlich auch Christen sein. Aber hier geht es nicht um Dogmatik. Eher schon um den Unterschied zwischen den Toten, von denen man richtig Abschied nehmen kann, und denen, die man, wie die im Krieg Vermissten, weder buchstäblich noch seelisch begraben und zur letzten Ruhe betten konnte. Der vorchristlichen Kultur in Mitteleuropa waren die Toten

unheimlich, man begrub sie weit ab von den Siedlungen der Lebenden, wälzte in Vorzeiten mächtige Steine über sie, denn man konnte den Tod nirgends einordnen. Christliche Ortschaften entstanden um die Kirche, die vom Friedhof umgeben, ja, über Gräbern erbaut war. Der Tod und die Toten hatten ihren Platz, man gab sie in Gottes Hand, sie wurden von Schreckgespenstern zu Freunden, die uns vorangegangen waren.
Für mich hat das Märchen eine noch nähere Bedeutung auf der „Subjektstufe". Wie erlebe ich meine „gestorbenen Zeiten", meine Vergangenheit, meine Erinnerungen. Manche Tage und Jahre habe ich gut begraben, sie ruhen in Frieden und in Gottes Hand. Andere sind noch unbegraben, Draugs, wenn sie hochkommen, wollen sie mich hinunterziehen. Dann brauche ich den Beistand und Schutz meiner gut begrabenen Erinnerungen. Und ich hoffe, ab und zu auch einen Draug bergen und begraben zu können. Das Bergen und Begraben der Draugs in mir – das ist für mich eine lebenslange Aufgabe und kein schlechtes Bild für das, was Versöhnung meint und Beichte bewirken soll.

(28) Die Skelettfrau

Am Ende der Welt in Mitternacht liegt am Eismeer das Land der Inuit. Hart ist das Leben dort, nie schmelzen Eis und Schnee, nie taut die gefrorene Erde auf, nie wärmt die blendende Sonne. Doch dies kalte Land ist die Heimat der Inuit, sie leben von dem, was im Eismeer lebt, von Fischfang und Robbenjagd.
Nur eine Bucht an der Eismeerküste, die meiden die Fischer und Jäger. Dort hatte einst ein Vater seine Tochter ertränkt. Zur Strafe für ein Vergehen, an das sich niemand mehr erinnern konnte, hatte er sie von den Klippen ins Meer gestoßen. Lange schon lag das tote Mädchen auf dem Meeresgrund. Die Fische fraßen ihr das Fleisch von den Knochen, sie fraßen ihre kohlschwarzen Augen. Als Skelettfrau trieb es sie umher unter dem Eis, und die Strömung drehte sie um und um und um.

Doch einmal kam ein fremder junger Jäger in die Bucht, der wusste nichts von dem toten Mädchen. Er rudert mit seinem Kajak hinaus, weit weit wirft er die Angel aus. Und gleich zieht's an der Schnur, da ist etwas am Haken. Schwer ist es, schwer. „Ein guter Fang", freut sich der junge Jäger, „ein großer Fisch an meiner Angel. Viele Tage kann ich davon leben und muss nicht hinaus auf die Jagd!" Doch nicht ein Fisch hängt am Haken, sondern die Skelettfrau. Die will sich befreien und dreht sich um und um unter Wasser und kommt doch nicht los. Mehr und mehr verstrickt sie sich in die Angelschnur. Und der Jäger lässt die Angel nicht los, er zieht und zieht, er zieht seinen Fang aus dem Wasser, er wirft die Beute ins Boot. Da liegt die Skelettfrau vor ihm. „Iii", schreit der Jäger, „aiii!" Er packt sein Paddel, er stößt die Skelettfrau wieder ins Wasser, er rudert zurück zum Ufer, so schnell er nur kann. Aber keiner der Inuit gibt seine kostbare Angel auf. Und die Skelettfrau hängt noch immer am Haken. Also kommt sie ihm nach: ans Ufer, über das Eis, durch den Schnee, auf und nieder durch die Klippen, und ihre Knochen schlagen aneinander. So laufen sie, laufen und laufen. Da liegen Fische zum Trocknen in der Sonne, weiter läuft der Jäger, weiter, doch die Skelettfrau packt ein paar von den Fischen und steckt sie in ihren Mund. Und der Jäger läuft weiter, so schnell er kann, und er lässt seine Angel nicht los.

Dann ist er bei seinem Iglu, er kriecht hinein, er wirft sich auf sein Lager. Ganz finster ist es im Iglu. Der Jäger zündet die Tranlampe an – da sieht er die Skelettfrau in seiner Hütte: nur noch ein wirres Knochenbündel, eingeschnürt in die Angelschnur. Er sieht sie an, sieht ihre weißen Knochen, sieht ihre leeren Augen. Dann streckt er die Hand aus, er berührt die Skelettfrau, er löst die Leine, entwirrt die Knochen, er legt sie sorgsam nebeneinander. „Na, na, na," singt er dabei, „na, na, na." Die halbe Nacht lang singt er so, und er ordnet im Licht seiner Lampe die Knochen der Skelettfrau, und er deckt sie mit warmen Fellen zu.

Dann kriecht auch der Jäger unter die Felle auf seinem Lager. Und er schläft ein, und er träumt, und im Traum läuft eine

helle Träne über seine Wange. Das sieht die Skelettfrau, sie kommt zu ihm, sie beugt sich über ihn, sie trinkt die Träne, trinkt und trinkt, als wär's ein Strom, als wollte sie den Durst eines ganzen Lebens löschen. Dann nimmt sie das Herz des Jägers, sie schlägt das Herz wie eine Trommel mit ihren Knochenhänden, und sie singt dazu. „Oh Fleisch, Fleisch, Fleisch," singt die Skelettfrau, „oh Haut, Haut, Haut." Und je mehr sie singt, desto mehr Fleisch wächst um ihre Knochen, desto mehr Haut wächst um ihr Fleisch. Und sie singt weiter: für schwarze Haare und kohlschwarze Augen, für Ohren und Nase und Lippen, für Hände und Hüften und Brüste.
Dann singt sie dem Jäger die Kleider vom Leib, und sie kriecht zu ihm unter die Felle. Sie gibt ihm die Herztrommel zurück, sie schmiegt sich an ihn, Haut an Haut. So erwachen die beiden, eng umschlungen, fest aneinandergeklammert.
Die Inuit erzählen, die beiden hätten von da an nie mehr Mangel gelitten. Die Tiere des Meeres, die Freunde der Frau, hätten sie beschützt und genährt. Ja, das erzählen die Innuit.
(Märchen der Inuit, nach Clarissa Pirkola Estes, Die Wolfsfrau, 1993, Bearbeitung: Heinrich Dickerhoff))

Wie erlöst man einen Draug? Einen Untoten? Etwas, dass in mir oder zwischen uns wie gestorben ist und doch keine Ruhe findet? In traumhaften Bildern erzählt das Eskimo-Märchen von solcher Erlösung und vom Sieg der Liebe über den Tod, es fordert heraus, zu diesem Märchen zu malen, mir die Szene noch einmal auszumalen, die mich am tiefsten beeindruckt hat, die ich besonders klar vor meinem inneren Auge sehe.
Am Anfang steht ein Todesurteil, hier nicht von der gleichgültig-gnadenlosen Mutter Natur gesprochen, sondern von einem Vater, der ein ebenso gnadenloses Gesetz verkörpert. Das bestrafte Vergehen ist längst vergessen, die gnadenlose Strafe aber schreckt noch heute ab. Nur einer, der nichts davon weiß, kommt in die eisige

Bucht, in der das tote Mädchen keine Ruhe findet. Aber als er sie dann vor sich sieht, kennt auch er nur Angst und Ekel. Mit seinem Paddel – denn wer einen Toten berührt, wird unrein – stößt er sie zurück ins Meer. Aber die beiden kommen nicht voneinander los, eine Erfahrung, die es zwischen zwei Menschen gibt, aber auch in mir. Etwas kommt mir hoch, ganz unvermutet, und ich werde es nicht wieder los, weglaufend nehme ich es doch nur mit mir. Und noch hat die Skelettfrau Lebenshunger, steckt Fische in ihren Mund. Erst Zuhause, in seinem Iglu, stellt sich der Jäger dem, was er da mit sich zieht. Fühlt er sich hier sicher? Oder kann er einfach nicht weiter weglaufen? Er sieht das, was ihm erst nur ekelhaft und furchteinflößend erscheint, genauer an, vielleicht erkennt er das zerstörte Leben, das sich verbirgt hinter dem Schreckgespenst, dann überwindet er alle Berührungsängste, fasst die Skelettfrau an, ordnet sie, deckt sie, beschwörend singend, zu wie einen lebenden Menschen, der noch frieren, noch Kälte und Wärme spüren kann.
Schlafend, träumend weint der Jäger eine Träne. Es liegt wohl nahe, dass er sie dem ums Leben gebrachten Mädchen nachweint. Und diese Träne bewegt das Mädchen, ihr Lebensdurst treibt sie zu dem Jäger, und sie singt sich in den Rhythmus seines Herzens, singt sich selbst wieder zusammen – eine seltsame Szene, die mich an die Vision des Ezechiel (Kapitel 37) erinnert, in der er die auf dem weiten Feld liegenden Gebeine wieder zusammenwachsen sah.
Als ich das Märchen zum ersten Mal hörte, fürchtete ich bis fast zum Ende, dass die Skelettfrau sich als Vampir entpuppen würde, die die Lebenskräfte des Jägers aussaugt. Doch als sie zu ihm kriecht, da war mir klar, dass diese Geschichte nicht erzählt von einem Leben, das nur möglich ist auf Kosten anderer, sondern vom Sieg der Liebe über den Tod und von wechselseitiger Erlösung.
Denn wie oben bei Zottelhaube begegnen auch wir hier „erlösungsbedürftigen Erlösern". Nicht nur die Skelettfrau ist ganz offensichtlich bedürftig, auch der junge Jäger, der ganz gegen die Gewohnheit der Inuit allein durch die Eiswüsten streift, ist ein bedürftiger Mensch, ein Außenseiter, der von nun an aber eine Gefährtin hat und nie mehr Mangel leidet.

Beschützt wird das junge Paar von den Tieren des Meeres. Dreimal kommen die vor: erst fressen Fische der Skelettfrau das Fleisch von den Knochen, dann steckt sich die Skelettfrau getrocknete Fische in den Mund, endlich werden die Tiere des Meeres ihre Freunde, ihre Beschützer und Ernährer genannt. Hat die liebevolle Anteilnahme, die die Skelettfrau durch den jungen Jäger erfährt, diese Veränderung bewirkt? Ist es nicht so, dass uns die Welt manchmal wie ein Abgrund erscheint, dass sie an uns nagt, ja uns zu verschlingen droht. Aber die Liebe kann mir die Welt verwandeln in etwas, das mich trägt und mir gibt, was ich zum Leben brauche.

(29) Der Tod und das Knäckebrot

Es war einmal – oder war es nicht? Es muss doch etwas gewesen sein, wenn man davon erzählt.
Es war einmal ein Mann und eine Frau, die hatten ein einziges Kind, einen Jungen. Arm waren sie. Der Mann plackte sich ab von früh bis spät, und doch konnten sie ihr Leben nur mit Müh, und Not von einem Tag zum andern fristen.
Wie es war und wie es nicht war – eines Tages wurde der Mann krank. Seine Frau pflegte ihn, so gut sie konnte, sie arbeitete für zwei, aber dem Mann ging es nur immer schlechter. „Ach", sagte die Frau da, „der Tod macht sich bereit. Was soll ich nur anfangen?"
Mutter und Kind wachten des Nachts bei dem Kranken. Der schlief. „Mutter, wacht er nicht bald auf? Er schläft schon so lange?" – „Ich weiß nicht, mein Kind." Saßen sie eine Weile still; da sagt der Kleine: „Mutter?" – „Ja?" – „Hast du ein bisschen Knäckebrot für mich?" – „Ach nein, ich habe rein gar nichts im Hause. Bist du hungrig?" – „Nein, aber wenn ich Knäckebrot knabbere, hört es der Vater vielleicht und wacht auf! – „Liebes Kind, wir wollen abwarten. Vielleicht morgen. Aber nun geh schlafen!"

Der Junge aber ging nicht zu Bett, er stahl sich aus dem Haus, nur das Nachthemd auf dem Leib. Es war Winter und bitter kalt. Von Hof zu Hof ging er: „Liebe Leute, gebt mir ein Stück Knäckebrot! Mein Vater schläft so fest. Ich muss ihn wecken." Aber wohin er auch kam – nirgends gab man ihm etwas: „Mach, dass du fortkommst! Jetzt ist nicht die rechte Zeit zum Betteln! Alle sind wir arm."

Endlich kam er zu einem Hof, da gab man ihm ein Stück Brot. Aber das war weiches Brot. „Nein", sagte er, „das ist nicht das Richtige. Ich muss Knäckebrot haben, so dass mein Vater es hört, wenn ich daran knabbere. Vielleicht wacht er dann auf. Er schläft so fest." Und damit ging er weiter.

Bald war er in allen Häusern des Dorfes gewesen und hatte doch nichts bekommen.

Traurig wollte er schon nach Hause gehen, da entdeckte er noch ein Licht weit in der Ferne. Und frohen Mutes ging er darauf zu. Er fand ein kleines Haus und trat ein. Drinnen saß ein alter Mann und schärfte seine Sense.

„Guten Tag, lieber Mann!" sagte der Junge. – „Guten Tag." – „Was willst du denn mit einer Sense mitten im Winter. Jetzt gibt es doch nichts zu ernten?" – „Meine Ernte reift im Winter wie im Sommer." – „Du musst ein sonderbarer Mann sein. Aber sag, willst du mir nicht ein Stückchen Knäckebrot geben? Mein Vater schläft so fest. Aber wenn ich Knäckebrot knabbere – vielleicht wacht er dann auf und will auch ein Stück." – „So, so. Nun gut, vor einiger Zeit kam eine alte Frau zu mir, die ließ diese Tüte mit Knäckebrot hier. Die kannst du nehmen." – „Aber was ist, wenn die Frau zurückkommt und ihre Tüte wiederhaben will?" – „Nein, die kommt nicht zurück", sagte der Mann und schaute auf seine Sense. „Die nimm nur. Aber komm, jetzt müssen wir gehen. Wir haben den gleichen Weg."

Sie gingen, und bald schon waren sie zu Haus bei dem Kranken. Und gleich kniete der Junge nieder neben dem Bett des Vaters und fing an, Knäckebrot zu knabbern. Das knisterte und knackte, aber der Kranke rührte sich nicht.

„Da, lieber Ohm, nimm du doch auch ein Stück von dem Brot und beiß ab! Vielleicht hört der Vater das und wacht auf!" Und der Tod nahm ein Stück Brot, setzte sich und aß. Das knisterte und knackte so herrlich lebendig in dem ganzen Zimmer.
Der Sand in der Lebensuhr des Kranken aber rann und rann – und mit dem Sand zerrann seine Lebenszeit. Das eine der Gläser war fast leer, schon rannen die letzten Körner hinaus. Der Tod aber war so beschäftigt, sein Knäckebrot zu knabbern, dass er ganz vergaß, just in dem Augenblick mit seiner Sense zuzuschlagen, als der letzte Sand aus dem Stundenglas rann, und da hatte er die rechte Zeit verpasst, wo der Kranke sterben sollte. Und nun hatte er keine Macht mehr über ihn, und er stand auf, ging leise hinaus und verschwand in der Nacht.
Und da, ganz allmählich erwachte der Mann. Sein Leben kehrte zurück. „Mein lieber Junge. Wie gut sich das anhört, wenn du Knäckebrot knabberst" sagte er. „Gib mir doch auch ein Stück."
Nur zu gern brach der Junge ein Stück von dem Brot und gab es dem Vater, und glücklich knabberten sie miteinander.
„Siehst du, Mutter, hab' ich nicht recht gehabt? Der Vater ist aufgewacht! Jetzt isst er schon wieder von dem guten Brot!"
Ja, und damit ist mein Märchen zu Ende.

(Zigeunermärchen aus Schweden, Bearbeitung: Heinrich Dickerhoff)

Noch einmal ein Märchen vom Sieg der Liebe über den Tod, wenn auch in ganz anderer Inszenierung. Nicht die Anziehung zwischen Mann und Frau, sondern die naiv-unschuldige Liebe des Kindes zu seinem Vater ist hier die erlösende Kraft, der Tod selbst erscheint auch kaum bösartig, er erfüllt seinen Auftrag.
Wie in vielen Märchen ist das Brot ein Schlüsselzeichen, nicht der weiche Sonntagsstuten der Reichen, sondern das harte Knäckebrot der Armen und kleinen Leute, wie Zwieback und Schwarzbrot haltbar aber schwer zu kauen. Doch das harte Brot wird zum Lebens-

zeichen, und dies lebensrettende Brot holt der Junge im Haus des Todes.
Für Christen ist es wohl kaum möglich, dieses Märchen zu lesen oder zu hören, ohne an das gebrochene Lebensbrot der christlichen Tradition zu denken. Und es ist zumindest ein guter Einstieg in das Gespräch über Sinn und Bedeutung des Sakramentes, das wir im Brot erinnern.
Mein Sohn Aaron hörte das Märchen, als er vier Jahre alt war. Seither läuft er, wenn wir einmal – erfreulich selten – Streit miteinander haben, holt ein Stückchen Knäckebrot und teilt es mit mir. Streiten kann man dann nicht mehr.

Der blaue Planet

Wir sind am Ende unserer Reise durch die Märchenwelt angekommen. Wir sind nicht durch eine „heile Welt" gewandert, nirgends war sie rosarot, überall lauerte Gefahr. Wir haben in einen Zauberspiegel geschaut und haben darin – so hoffe ich – ein Traumbild unserer Welt entdeckt, verfremdet, vereinfacht, verdichtet, und doch nicht welt-fremd, sondern wie eine zweite Stimme zu unserer alltäglichen Erfahrung. Die Märchenwelt ist nichts anderes als unser blauer Planet Erde.
Mit einem letzten Märchen aus China endet diese Märchenreise. Die blaue Rose heißt es, natürlich gab es keine blauen Rosen, die Rosen Chinas waren zumeist weiß. Aber wie – davon ganz unabhängig – für Novalis die blaue Blume Zeichen der Sehnsucht war, so auch in dieser Geschichte aus dem Reich der Mitte.

(30) Die blaue Rose

Der Kaiser von China hatte eine Tochter, die war schön und sehr klug – und sehr, sehr eigenwillig: Was sie nicht wollte, das wollte sie nicht. Und heiraten, heiraten wollte sie ganz gewiss nicht. Am Hof und im ganzen Reich wurde darüber schon getuschelt: „Sie nimmt keinen Mann. Sie will keinen Mann! Was mag da nur los sein? Ist sie zu stolz? Oder kann sie nicht lieben? Oder ist sie am Ende gar verhext?" Ihr Vater, der Kaiser, drängte sie darum jeden Tag, doch einen Ehemann zu nehmen, und endlich sagte sie: „Also gut, ich werde heiraten – aber nur den, der mir eine blaue Rose bringt.
Da rief der Kaiser alle großen und wichtigen Männer des Reiches in seinen Palast, und sagte, derjenige solle seine einzige Tochter zur Frau bekommen, der ihr eine blaue Rose bringe. „Eine blaue Rose? Eine blaue Rose! Hat man davon je gehört?!" Die Freier murmelten und murrten und machten sich davon. Und nur drei blieben übrig: der erste ein großer Kriegsheld, der zweite ein reicher Kaufmann, der dritte ein Gelehrter, bewandert in allen Wissenschaften und in der schwarzen Kunst der Hexerei. Und die versprachen nun alle drei, in dreißig Tagen zurückzukommen mit einer blauen Rose.
Der Kriegsheld rüstete sich und zog mit hundert Kampfgefährten gegen ein benachbartes Königreich, das war berühmt für seine Schätze. Und dem König des Reiches ließ er sagen: „Ich werde dich vom Thron stürzen und dein Reich zerstören, wenn du mir nicht eine blaue Rose bringst!" Der König erschrak, und mit ihm sein Reich, und seine Diener und Ratgeber überlegten hin und her, bis endlich einer in einer Schatzkammer einen großen blauen Edelstein fand, einen gewaltigen Saphir. Den brachte man zu einem Edelsteinschleifer, der schnitt daraus eine blaue Rose, die gab man dem fremden Krieger, und der zog zufrieden ab.
Der Kaufmann durchforschte all seine Lager und Speicher und ließ auf allen Märkten im Inland und Ausland fragen, ob eine blaue Rose zu kaufen wäre – aber sie war für Geld nicht zu

haben. Da erstand er für ein Vermögen eine Schale aus Porzellan, zart wie ein Rosenblatt, und vom besten und teuersten Maler des Reiches ließ er da hinein eine blaue Rose malen.
Der Gelehrte ging in sein Haus, schloss sich ein in der innersten Kammer, schlug nach in den uralten Büchern, fand die geheime Formel, mischte seltsame Kräuter und Pulver, kochte daraus einen blauen Sud, stellte eine weiße Rose hinein – und die weiße Rose färbte sich blau!
Nach dreißig Tagen kamen die drei zum kaiserlichen Palast, verneigten sich vor dem Kaiser und vor seiner Tochter, dann trat der Krieger vor und gab der Prinzessin die Edelstein-Rose. „Das ist keine blaue Rose," sagte die Prinzessin, „das ist ein Saphir, und davon hab ich mehr als genug."
Da trat der Kaufmann vor und reichte ihr die Rose aus Porzellan. „Wie schön, wie wunderschön," sagte die Prinzessin. „Sollte ich jemals eine blaue Rose bekommen, so will ich sie nur in diese Vase stellen."
Da trat der Gelehrte vor und gab ihr die Zauberrose. Die Prinzessin nahm sie, ging damit zum geöffneten Fenster – da flog ein Schmetterling herein, setzte sich auf die Rose und fiel im Augenblick wie tot zu Boden. „Das ist keine blaue Rose", rief die Prinzessin, „das ist Gift und Betrug und Hexerei!"
Am Abend dieses Tages ging sie durch den Garten des kaiserlichen Palastes. Da hörte sie von jenseits der Mauer eine wunderschöne Melodie und jemand sang dazu von der Schönheit und von der Liebe und von der Sehnsucht. Sie stieg auf einen Gartenstuhl, schaute über die Mauer und erblickte einen jungen Spielmann. „Wie schön ist dein Lied, Fremder", sagte sie. „Viel schöner ist dein Gesicht, Fremde", sagte er. Und die Luft war süß und der Mond schien wie Silber und sie blieben sich nicht lange fremd, denn ihre Herzen fanden zueinander. „Du bist der erste Mann, den ich lieben kann", sagte die Tochter des Kaisers, „doch ich kann dich nicht heiraten, denn ich habe erklärt, ich würde nur den zum Mann nehmen, der mir eine blaue Rose bringt. Und das Wort der Tochter des Kaisers ist wie ein Gesetz." – „Ach, wenn es mehr nicht ist!", sagte der Spiel-

mann, „morgen früh komm ich zu dir in den Palast mit einer blauen Rose."

Am andern Morgen ging der Spielmann zum Palast und unterwegs pflückte er am Straßenrand eine weiße Rose. Und er trat vor den Kaiser und seine Tochter, verneigte sich und gab der Prinzessin die Blume, die er in der Hand hielt. Die nahm die Blume und sah den Spielmann an und sagte, ja, genau so eine blaue Rose habe sie sich immer gewünscht. Und weil das Wort der Tochter des Kaisers wie ein Gesetz ist, darum sagte ihr Vater: „Sie hat es gesagt, die Rose ist blau, und damit wird sie jetzt deine Frau!"

Und sie heirateten und wurden sehr glücklich und bekamen viele Kinder. Und im Garten ihres Palastes blühten tausende weißer Rosen, aber sie nannten ihn nur – unsern blauen Garten.

(Aus China, nach: Lisa Tetzner, Die schönsten Märchen der Welt, Bd. 12, Bearbeitung: Heinrich Dickerhoff)

Macht Liebe blind? Oder erkennen wir die Wahrheit nur dort, wo wir lieben? Ich wünsche mir und allen, dass wir, zumindest für einen Menschen, nicht so weiß und welk und gewöhnlich sind, wie wir uns oft vorkommen, sondern eine blaue Rose. Und das Evangelium könnte man auch so übersetzen: In den Augen Gottes ist jede, jeder eine blaue Rose. Und unsere Erde ist noch immer Sein blauer Garten.